Beginner's italian

Vittoria Bowles

Advisory Editor: Paul Coggle

D1098253

TEACH YOURSELF BOOKS

For UK order queries: please contact Bookpoint Ltd, 130 Milton Park, Abingdon, Oxon OX14 4SB. Telephone: (44) 01235 400414, Fax: (44) 01235 400454. Lines are open from 9.00–6.00, Monday to Saturday, with a 24 hour message answering service. Email address: orders@bookpoint.co.uk

For U.S.A. & Canada order queries: please contact NTC/Contemporary Publishing, 4255 West Touhy Avenue, Lincolnwood, Illinois 60646–1975, U.S.A. Telephone: (847) 679 5500, Fax: (847) 679 2494.

Long renowned as the authoritative source for self-guided learning – with more than 30 million copies sold worldwide – the *Teach Yourself* series includes over 200 titles in the fields of languages, crafts, hobbies, sports, and other leisure activities.

British Library Cataloguing in Publication Data
A catalogue entry for this title is available from The British Library.

Library of Congress Catalog Card Number: On file

First published in UK 1992 by Hodder Headline Plc, 338 Euston Road, London, NW1 3BH.

First published in US 1992 by NTC/Contemporary Publishing, 4255 West Touhy Avenue, Lincolnwood (Chicago), Illinois 60646 – 1975 U.S.A.

This edition published 2001.

The 'Teach Yourself' name and logo are registered trade marks of Hodder & Stoughton Ltd.

Typeset by Transet Limited, Coventry, England.
Printed in Great Britain for Hodder & Stoughton Educational, a division of Hodder Headline Plc, 338 Euston Road, London NW1 3BH by Cox & Wyman Ltd, Reading, Berkshire.

Impression number   10 9 8 7 6 5 4 3 2
Year   2004 2003 2002 2001

CONTENTS

NOTES FROM THE SERIES EDITOR

This new edition of *Teach Yourself Beginner's Italian* was prepared during the period just prior to the introduction of the €Euro as the official currency of Italy on 1 January 2002. While most of the prices in this book are given in €Euros, a few references are made to the **lira italiana** to enable you to cope with both currencies during the transition period.

Sources of real Italian

Although in the early stages of learning Italian your language skills may be limited to basic communication, it is a good idea to try and tackle some listening and reading beyond the coursebook. A little, but often is the best policy. This will help reinforce what you have already learned.

- Newspapers, magazines – available in most major cities
- Satellite and/or cable TV channels (e.g. RAI uno, RAI due, RAI tre, etc.)
- Radio stations on Medium or Long Wave after dark, or via satellite
- World Wide Web sites (e.g. http://it.yahoo.com; http://www.lycos.it)

INTRODUCTION

Italians respond well when foreigners – however imperfectly – speak Italian to them, and will often go out of their way to assist and communicate. A basic knowledge of the language will not only help you feel at ease in the host country but also make your stay there easier and more rewarding by saving time and avoiding unnecessary complications. An acquaintance of mine, visiting Italy with no knowledge of Italian, was directed by a helpful passer-by to an imposing building, guarded by armed uniformed police, when he had asked (or thought he had asked) for the nearest public toilets! Recounting this when back home no doubt provided amusement but it must surely be more satisfying to have a better understanding and control of the situation.

The purpose of this book is to enable you to achieve basic two-way understanding with Italians in uncomplicated practical everyday situations. Remember that being able to communicate in any language requires confidence and this can most easily be obtained through practice. Take every opportunity to listen to and, more importantly, to speak your new-found Italian. Do not be put off by any mistakes you may make; if you have spoken and understood the response then you have achieved communication and that is the name of the game! This book is a first step which when mastered will provide a foundation on which, should you wish, a deeper knowledge and understanding of the Italian language and culture can be built.

HOW THE COURSE WORKS

This course is divided into two parts, each of which has ten units: Part One deals with what are termed language *functions*, that is each unit covers particular principles of the language that are common to many different situations. It is important that you tackle the first ten units **thoroughly** and in the order in which they are presented. Practise them until they become second nature and only then proceed to Part Two of the book. The units in Part Two expand on and better illustrate the points made in Part One in addition to introducing further topics. These units may be studied in whatever sequence you prefer.

Making the most of the course

The following rules of thumb are intended to make the language learning process as effective and rewarding as possible.

- The best way to achieve good results in the shortest time is to treat language-learning as a serious hobby/project. Devote a certain minimum amount of time, say thirty minutes, to it **every day**. Regular study is the secret.

- Should you feel at times that you are not progressing as well as you would wish, have patience with yourself: one's learning rate is variable. There will be 'good days' and 'not so good days'. Always wait until you are confident of the material covered so far before moving on to the next stage.

- It is important that you speak the language as you learn it. In this respect learning a language is like learning to drive: reading and learning the driving manual is certainly important but without practising the driving skills you cannot learn to control a car.

■ Talk to yourself aloud (warn the family first!), repeating vocabulary and sentences and imagining the various situations you encounter in the book. It would be of great benefit to learn with a friend so that you can act as a sounding board for each other. If you have a friend who knows some Italian talk to him or her.

■ If you have the CDs/cassettes which accompany this book, record your voice and compare your pronunciation with that on the recording. Ask yourself, and practise saying, the names of things in Italian.

■ Train your ear to respond to the sound of the language by listening to Italian as much as possible: in the car, while working indoors or in the garden.

■ Make sure that the book is always to hand so that you can refresh your memory about anything you find you are unsure of.

■ Include plenty of periods of revision in your learning programme to ensure that what you have learnt becomes firmly implanted in your memory.

If you follow these guidelines and remember that it does not matter if you make a few mistakes in getting the message across, then you will be a successful student.

About symbols

This indicates that the CD/cassette is recommended for the following section.

This indicates dialogue.

This indicates exercises – places where you can practise using the language.

This indicates key words or phrases.

This indicates grammar or explanations – the nuts and bolts of the language.

This draws your attention to points to be noted.

A few words about the recording

■ Although this book can successfully be used on its own, the purchase of the CDs/cassettes will enhance both your pronunciation and your comprehension abilities as well as giving you the opportunity for aural revision.

■ While you are working with the units in Part One of the book start by listening to the recording and try to understand what is being said. Go over each dialogue bit by bit with the assistance of the **Key words and phrases** until you are confident that you understand every word; make full use of the pause and replay buttons on your CD/cassette player.

■ In Part Two you are advised to listen to the recording first. Try to get the gist of what is being said and only then use the book to complete your understanding.

Pronunciation guide

 Italian is always pronounced as it is spelt. Once you have learnt the following rules relating to how the letters and vowels sound you will find the pronunciation of every new word quite straight-forward.

It should be noted that, with very few exceptions, all true Italian words end in a vowel and that all vowels must be pronounced – including an **e** when it occurs at the end of a word. The Italian alphabet has only 21 letters: **k**, **w**, **x** and **y** are used only in foreign words. **J** is nowadays confined to a few place names (e.g. **J**esolo) and surnames (e.g. Ta**j**oli).

If you have the recording, listen to it and repeat aloud each sound and the Italian words given in the examples.

The English sounds given below as a guide are those used in standard Southern English.

Vowels

a	as **a** in *bath*	casa, artista
e	has two sounds:	
	as **e** in *well*	bello, vento
	as **e** in *they*	verde, penna
i	as **i** in *machine*	lira, pizza

o	has two sounds:	
	as **o** in *not*	p**o**sta, **o**pera
	as **o** in *fort*	t**o**tale, s**o**mma
u	as **u** in *ru̲le*	t**u**rista, l**u**na

Consonants

c	has two sounds:	
	before **e** or **i**,	
	as **ch** in *chilly*	**c**ena, **c**iao
	before **h**, **a**, **o**, or **u**,	
	as **ch** in *chemist*	**ch**iave, **co**sa, s**cu**si
g	has two sounds:	
	before **e** or **i**,	
	as **g** in *gentle*	**g**entile, **gi**ardino
	before **h**, **a**, **o**, or **u**,	
	as **g** in *garden*	**g**ondola, spa**gh**etti

h   is never pronounced. When it follows **c** or **g**, it gives them a *hard* sound (see letters **c** and **g** above).

r	is always *rolled* as in Scotland	ca**r**ne, **r**a**r**o
s	has two sounds:	
	as **s** in *set*	**s**icuro, **s**ì
	as **se** in *rose*	ro**s**a, mu**s**ica
z	has two sounds:	
	as **ts** in *pets*	gra**z**ie, sta**z**ione
	as **tz** in *tzar*	**z**ero, **z**ona

Double consonants

These are pronounced as the single consonant but with a slightly longer sound. See if you can produce/hear the difference:

pala, palla; dona, donna; soma, somma; papa, pappa; caro, carro.

Combined letters

ch	as **ch** in *architect*	**ch**iave
gh	as **g** in *g*et	spa**gh**etti
gli	as **lli** in *bri**lli**ant*	gi**gli**
gn	as **ni** in *o**ni**on*	ba**gn**o, si**gn**ora
qu	as **qu** in *quality*	**qu**ando, **qu**adro

sc	has two sounds:	
	when followed by **e** or **i**,	
	as **sh** in *shoe*	**sci**alle, **sc**ena
	when followed by **h**, **a**,	
	o, or **u**, as **sk** in *sky*	**scu**ola, **sc**olaro

Stress

As you know, many words consist of two or more *syllables* joined together, for example **bi-cy-cle**. When you pronounce a word you put stress on, that is you emphasise, a particular syllable of the word. **Bi**-cycle, for instance, is stressed on the first syllable and sounds very odd if the stress is wrongly placed.

Getting the stress in the right place is an important aspect of making yourself understood in a foreign language, but is is relatively easy in Italian, as most Italian words are stressed on the syllable before last, as in bi-ci-**clet**-ta. When the stress falls on the last syllable an accent is placed above it: cit**tà**, quali**tà**.

Sometimes the stress is on the third or even the fourth syllable from the end and as there is no fixed rule for these words, you will have to memorise them. In this book a dot below the stressed syllable is used to help you with such words.

✳ Some advice on mastering pronunciation

If you have difficulty in pronouncing a word try to relax as much as possible (particularly the facial muscles) and divide it into syllables: **cameriere**, *waiter*, will become ca-me-rie-re. However, it is not important that you should acquire perfect pronunciation immediately. The aim, as previously mentioned, is to be understood. Here are a number of techniques for learning pronunciation:

1 Listen carefully to the CDs/cassettes, native speakers or teachers. If possible repeat the dialogues aloud pretending that you are a native speaker of Italian.
2 Record your voice and compare your pronunciation with examples spoken by native Italians.
3 If possible, ask native speakers to listen to your pronunciation and tell you how to improve it. If in great difficulty with a particular sound, ask a native speaker how it is formed. Watch how they shape it and then practise it in front of a mirror.
4 Make a list of words that give you pronunciation problems and practise them.
5 Practise the sounds on their own and then use them progressively in words, sentences and tongue-twisters such as **tre tigri contro tre tigri** (three tigers versus three tigers).

✓ Pratica

Practise aloud the names of the places below and look at the map on the next page to see where they are:

Aosta	**Ancona**	**Torino**	**Perugia**
Gẹnova	**L'Ạquila**	**Milano**	**Roma**
Trento	**Nạpoli**	**Trieste**	**Bari**
Venezia	**Potenza**	**Bologna**	**Catanzaro**
Firenze	**Palermo**	**Pisa**	**Capri**
Siena	**Ịschia**	**Cạgliari**	**San Gimignano**

ITALIA

0   Miles   100

1 COME STA?
How are you?

In this unit you will learn how to:

■ say hello and goodbye
■ exchange greetings
■ say please and thank you
■ ask people to speak more slowly
■ make a simple apology

Prima di cominciare *Before you start*

Read the **Introduction** and **How the course works** on pages ix–xi. This gives you some useful advice on how to make the most of the course.

Different people have different ways of learning: some need to know rules for everything, others like to feel their way intuitively. In this unit you will be able to find out what works best for you; look out for the symbol ✳ which indicates a useful hint or tip.

If you have the recording 📼 💿 that goes with this book make sure you have your CD/cassette player next to you so that you'll be able to listen to the correct pronunciation of the new words. If you don't have the recording, the **Pronunciation guide** on pages xii–xv will help you.

✓ Attività *Activity*

Can you think of any Italian words such as the words for hello and thank you? If you can, say them aloud, and then look at the section **Parole e frasi chiave** overleaf to check the answers.

🔑Parole e frasi chiave
Key words and phrases

If you have the CDs/cassettes, look at the section **A few words about the recording** on page xii to find out how to listen to the key words and dialogues.

Da dire e da capire *to say and understand*

buongiorno *good morning/good day/good afternoon*	**prego?** *pardon? (if you want something to be repeated)*
buonasera *good evening/good afternoon*	**scusi** *sorry/excuse me (also used to attract someone's attention)*
buonanotte *good night*	**mi dispiace** *I am sorry/I beg your pardon*
arrivederci *goodbye/see you soon*	**come sta?** *how are you?*
arrivederla *goodbye/see you soon*	**bene, grazie** *well, thank you*
ciao *hello/hi/so long/cheerio*	**e Lei?** *and you?*
signore *Sir/gentleman/lord*	**molto bene, grazie** *very well, thank you*
signor *Mr*	**non troppo bene** *not too well*
uomo *man*	**non c'è male** *not too bad (c'è is pronounced as che in cherry)*
signora *Madam/Mrs/Ms/lady*	**parlare** *to speak*
donna *woman*	**parla inglese/italiano?** *do you speak English/Italian?*
signorina *Miss/young lady/young woman*	**parli più lentamente** *speak more slowly*
sì *yes*	**va bene** *OK/all right*
no *no*	
per favore *please*	
grazie *thank you (this can be used after sì as well as after no)*	
prego *you're welcome! don't mention it!*	

There are several ways of learning vocabulary. Find out the way which works best for you; here are a few suggestions:

1 Say the words aloud as you read them.
2 Write the words over and over again.
3 Study the list from beginning to end, then backwards.
4 Associate the Italian words with similar sounding words in English.
5 Associate words with pictures or situations, e.g. **buongiorno**, **buonasera** with shaking hands.
6 Use coloured pencils to underline or group words in a way that will help you to remember them.

7 Copy words on to small cards or slips of paper, English on one side, Italian on the other. Repeatedly shuffle and reverse them so that the words are presented in random order. Give the English word if the Italian is presented and vice versa.

8 If you have the recording listen to it several times and at the end of each dialogue try to imagine the situation of the conversation and see if you can remember what to say.

Dialoghi *Dialogues*

Listen to (or read) the following dialogues before practising them as suggested.

Dialogo 1

Signora Verdi	Buongiorno signor Brunetti.
Signor Brunetti	Buongiorno signora Verdi. Come sta?
Signora Verdi	Bene, grazie. E Lei?
Signor Brunetti	Molto bene. Arrivederla signora.
Signora Verdi	Arrivederla.

Play the parts of both signora Verdi and signor Brunetti and repeat the dialogue until you are confident about it.

While reading these dialogues remember to make the question and exclamation marks heard. (See item 4 of **Spiegazioni** on page 13.)

Dialogo 2

Mr Jones	Scusi, parla inglese?
Signorina Bini	Sì, molto bene.
Mr Jones	Parli più lentamente, per favore!

Now play the parts of both Mr Jones and the signorina, paying particular attention to pronouncing the question. Can you repeat this dialogue without looking at it?

Dialogo 3

You	Buonasera signora, come sta?
Signora Massa	Non troppo bene.
You	Mi dispiace!
Signora Massa	E Lei, come sta?

You	Non c'è male, grazie.

Read the above dialogue several times until you have learnt the sentences and are absolutely sure of the meaning of each word.

🔊 Spiegazioni *Explanations*

1 Greetings

Buongiorno (or **buon giorno**) is used until about four o'clock in the afternoon in summer or when it's getting dark in winter, after which **buonasera** (or **buona sera**) is used. Both greetings are used when meeting or leaving someone. **Buonanotte** (or **buona notte**) is only used when taking one's leave at night or before going to bed.

2 Goodbye

Arrivederci is used when taking leave from a person you wish to or may see again; you could also use it when leaving a shop. **Arrivederla** is more formal and is used to show greater regard for the person. **Ciao** means both *hello* and *goodbye*, and is used only among close friends, members of one's family and with children, as it is very informal.

3 Mr and Mrs

Remember that **signor** means *Mr* so it's always followed by a man's name. (When addressing a man without using his name use **signore**.) When calling or talking to a person in a formal way one says: **signor** Verdi, **signora** Verdi, **signorina** Verdi. When referring to yourself (in a formal way) or others you will say **il signor…**, **la signora…**, **la signorina…**: **io sono la signora Nelson**. In Italian it is quite polite to call a young woman who is not married **signorina** but the tendency is to call an adult woman **signora** whether she is married or not.

4 Questioning

To ask a question in Italian you simply raise the pitch of your voice at the end of the sentence. In writing, you end with a question mark as in English.

5 Lei/tu *You*

E Lei? e means *and*, **Lei** means *you*. When talking to one person there are two ways of saying *you*: **Lei**, written with a capital letter, must be used for a formal address and **tu** for close friends, children and family.

✓ **Pratica** *Practice*

1 How would you say hello to the following people at the times shown? Remember to add **signore, signora, signorina**.

a   b   c

18.00   *11.00*   *22.00*

2 It is late at night and you decide to go to bed. What would you say to your host?

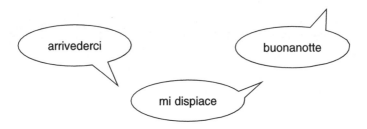

arrivederci

buonanotte

mi dispiace

3 A street seller is trying to sell you an oriental carpet, but you are not interested. What do you say?

4 A woman inadvertently drops a banknote on the pavement; you wish to attract her attention. What to you say?

_____

She turns and you point at the note on the pavement. She thanks you. What do you answer?

_____

Now she asks you a question: you don't hear it properly. What do you say?

_____

You are still uncertain of what she is saying: she is speaking too fast. What do you ask her to do?

_____ _____ _____ , **per favore**.

She wants to know if you speak English: what does she say?

_____ _____ ?

5 Use the clues to complete the grid and find, in the vertical shaded box, a word which is used when you want someone to repeat something which you have not quite heard or understood.

a You've spilt some wine – you begin your apology …
b You greet someone after 4 pm
c The answer to **grazie**
d You are asked **come sta?**
e What you add when asking a favour?
f And you?

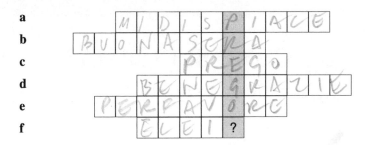

a	M	I	D	I	S	P	I	A	C	E
b	B	U	O	N	A	S	E	R	A	
c				P	R	E	G	O		
d		B	E	N	E	G	R	A	Z	I	E
e	P	E	R	F	A	V	O	R	E		
f		E	L	E	I	?				

L'Italia e gli italiani *Italy and the Italians*

Italians tend to shake hands to greet each other. If they are close friends they may kiss on both cheeks: this happens particularly on special occasions such as meeting after (or leaving for) a long time, weddings, funerals and other important or solemn situations.

If you ask 'Come sta?' you may not always get the standard answer 'Bene grazie, e Lei?' You may get instead a series of complaints about their blood pressure or duodenal ulcer in which case you are advised to nod and shake your head for a reasonable amount of time, pretending that you perfectly understand and commiserate, and then try to manoeuvre the conversation to a more pleasant topic.

✓ Un piccolo test *Mini test*

What do you say if:

1 You wish to attract someone's attention.
2 You meet an Italian acquaintance in the late afternoon.
3 Someone thanks you.
4 You want something repeated.
5 You step on someone's foot.
6 An acquaintance asks how you are and you wish to know how he/she is.
7 You wish to know whether a shop assistant speaks English.
8 Someone is speaking too fast.

Check the answers to **Un piccolo test** in **Risposte** at the end of the book. If you've got them all right, you are ready to move on to Unit 2. If you found the test difficult, spend more time revising Unit 1. Follow this principle throughout Units 1–10, and you'll know that you are building up a reliable bank of knowledge.

2 COME SI CHIAMA?
What's your name?

In this unit you will learn how to:

■ say who you are
■ ask who other people are
■ deny something
■ enquire about someone's nationality and tell them your own

Prima di cominciare

Sometimes a letter will be shown with a dot below it (ẹ): this indicates where the stress is to be placed in a word that does not follow the rules given in the **Pronunciation guide** (see notes on stress, page xiv).

Attività

Can you remember how to:

1 ask someone how he/she is?
2 say, 'Not too bad'?
3 greet a woman in the evening?
4 ask someone to speak more slowly?
5 say, 'I beg your pardon!'?
6 ask someone to repeat something?
7 take your leave before retiring to bed?
8 ask someone if he/she speaks Italian?

🔑 Parole e frasi chiave

Learn this section by concealing the English side and trying to remember the meaning of the Italian words, then cover the Italian side and give the Italian words for the English ones. Practise until you can remember it all without the occasional peek at the hidden side.

✳ Refer back to pages 2–3 for the various ways of learning vocabulary.

Da dire e da capire

come	*how*
si chiama	*you are called; he/she/it is called*
mi chiamo	*I am called (literally: I call myself)*
chi?	*who?*
è	*you are; he/she/it is*
chi è Lei?	*who are you?*
chi è lei?	*who is she?*
chi è lui?	*who is he?*
che	*who/whom/which/that*
(io) sono	*I am*
non	*not*
(io) non sono	*I am not*
non è	*you are not; he/she/it is not*
questo è...	*this is...*
il bambino	*the child (boy)*
la bambina	*the child (girl)*
piacere	*pleased to meet you*
si accomodi/s'accomodi	*come in*
soltanto	*only*
ma	*but*
mia moglie	*my wife*
nostra figlia	*our daughter*
straniero(-a)	*foreign man/woman*

✳ Remember that **chi** is used in questions; and also that **che** can never be omitted as it sometimes is in English: **la lingua che parlo** *the language (that) I speak.*

As well as *come in* **si accomodi** (usually shortened to **s'accomodi**) can mean *sit down, make yourself comfortable, make yourself at home.* When speaking to more than one person you say **s'accomodino**.

Dialoghi

Sergio and Francesca are having a party at their home in Genova. the guests mingle and chat to each other.

Dialogo 1

Paolo Marchi	Come si chiama?
Jackie Jones	Mi chiamo Jackie Jones. E Lei, come si chiama?
Paolo Marchi	Io sono Paolo Marchi.

Dialogo 2

Mr Dean	Scusi, Lei è la signora Pucci?
Angela Chiarella	No, non sono la signora Pucci.
Mr Dean	Come si chiama?
Angela Chiarella	Mi chiamo Angela Chiarella.

Dialogo 3

Angela Chiarella	Chi è la signorina che parla inglese?
Mr Dean	È Susan White. Lei parla inglese?
Angela Chiarella	No, mi dispiace ma non parlo inglese; parlo soltanto italiano.

 Dialogo 4

Sergio	Questa è mia moglie Francesca.
Mr Dean	Piacere.
Francesca	Piacere.
Mr Dean	E la bambina, chi è?
Sergio	Questa è nostra figlia; si chiama Valentina.

Spiegazioni

1 Nouns

In Italian, names for men usually end in **-o** (**Sergio**) while names for women usually end in **-a** (**Angela**). Most names for things end either in **-o** or **-a** (**museo** *museum*, **mamma** *mum*). When ending in **-o** they are called masculine nouns (**vino** *wine*) and when ending in **-a** feminine nouns (**banca** *bank*). This distinction is called *gender.*

Some nouns end in **-e**: these can be either masculine or feminine and you will learn these as you meet them (**tenore** (m) *tenor*, **voce** (f) *voice*).

2 il, la *the*; un, una *a, an, one*; questo, questa *this*

Il is used before masculine nouns (**il treno** *the train*, **il cane** *the dog*, **il libro** *the book*) and **la** before feminine nouns (**la posta** *the mail*, **la mamma** *the mum*, **la voce** *the voice).*

Un is used before masculine nouns (**un treno** *a train*, **un signore** *a gentleman*) and **una** before feminine ones (**una lettera** *a letter*, **una penna** *a pen*).

Questo, and **questa** are used before masculine and feminine nouns respectively:

questo questa	è	**il** duomo **un** ombrello **la** banca **una** chiesa	this is	the cathedral an umbrella the bank a church

3 Verbs

Words that express *action* or *being* such as **parlo**, **sono** and **è** are called *verbs*. To deny something just put **non** before the verb: **sono tedesco** *I am German*, **non sono tedesco** *I am not German*.

In English, verbs are often preceded by words such as *I, you, he, she,* etc.; these are called *subject pronouns*. They are not used in Italian (except for the formal **Lei**) unless special emphasis is required: *io* **sono il signor Verdi,** *Lei* **chi è?** (or, because in Italian the word order can be more flexible, you could say **Chi è *Lei*?**).

If you consult the dictionary to look up the verb *to speak*, you find **parlare**. This form of the verb does not indicate who is doing the action; it is called the *infinitive* of the verb. In Italian, infinitives fall into three groups: verbs ending in **-are** (e.g. **studiare** *to study*) which are the majority, verbs ending in **-ere** (e.g. **vẹndere** *to sell*) and verbs ending **-ire** (e.g. **partire** *to leave*).

When speaking about yourself in the present (*present tense*), you change the ending (**-are, -ere, -ire**) into an **-o: parlo** *I speak*; **vendo** *I sell*; **parto** *I leave*. This part of the verb is called the first person singular.

To form the present tense for *you* (*formal*), *he, she,* or *it* you replace the ending with **-a** (verbs whose infinitive ends in **-are**) or **-e** (verbs with infinitives ending in **-ere** and **-ire**): **parla** *you speak, he/she speaks*; **vende** *you sell, he/she sells*; **parte** *you leave, he/she leaves*. This is the third person singular.

To form the present tense for *we* you replace the ending with **-iamo**: **parliamo** *we speak*; **vendiamo** *we sell*; **partiamo** *we leave*. This is called the first person plural.

 There is usually no difference in Italian between *I speak* and *I am speaking*: for both you say **parlo**.

4 Adjectives

Words which qualify (describe) a noun are called *adjectives*; in **questa penna è rossa** *this pen is red*, **rossa** is the adjective which describes **penna**.

In Italian, adjectives, like nouns, can be either masculine or feminine; since **penna** is feminine **rossa** needs to be feminine too. In **questo vestito è rosso** *this dress is red*, since the noun **vestito** is masculine, the adjective **rosso** also needs to be masculine. This is called the *agreement* of the adjectives with the nouns. The same rule applies to words describing one's nationality.

 Adjectives of nationality do not require a capital letter.

 Nazionalità *Nationalities*

Lei è	australiana	Lui è	australiano	Australian
	austriaca		austriaco	Austrian
	tedesca		tedesco	German
	spagnola		spagnolo	Spanish
	svizzera		svizzero	Swiss
	britannica		britannico	British
	inglese		inglese	English
	americana		americano	American
	scozzese		scozzese	Scottish
	gallese		gallese	Welsh
	irlandese		irlandese	Irish
	portoghese		portoghese	Portuguese
	neozelandese		neozelandese	a Newzelander
	canadese		canadese	Canadian
	francese		francese	French

Lei è straniera, signora?   **Sì, sono tedesca.**
Lei è straniero, signore?   **No, sono italiano.**

As you may have already noticed, adjectives of nationality ending in **-ese** have the same form whether they are masculine or feminine.

✅ Pratica

1 Write the appropriate forms of **questo** and **questa** in the spaces. After completing and correcting the exercises read them aloud until you are satisfied that you have learnt them.

a _____ è Angelo   d _____ è il signor Massa

b _____ è Maria   e _____ è la signorina Jones

c _____ è la banca   f _____ è mia figlia

2 Return to **dialogo 1** and re-write it using your own name.

3 Return to **dialogo 3** and modify it so that you take the role of Angela Chiarella and you can speak English and Italian.

4 Change the following sentences into negative ones by placing **non** before the verb.

a James parla italiano.   d Valentina parla tedesco.
b Sono Francesca.   e Questo è il signor Lupi.
c Parlo francese.   f Sta bene?

5 Fill in **il** or **la** before these nouns. You will probably be able to deduce the meaning of most of these words.

a _____ musica

b _____ pasta

c _____ stazione (f)

d _____ periodo

e _____ generale (m)

f _____ telefono

g _____ pizza

h _____ cereale (m)

i _____ conversazione (f)

6 Fill in **un** or **una** before these nouns.

a _____ persona   **f** _____ colore (m)

b _____ concerto   **g** _____ gabinetto

c _____ edificio   **h** _____ regione (f)

d _____ strada   **i** _____ teatro

e _____ porto

7 What are the nationalities of these men and women?

Charline	abita in Australia	È australiana.
Franz	Germania	_____
Alain	Canada	_____
Vasco	Portogallo	_____
John	Inghilterra	_____
Anne	Svizzera	_____
Neil	Galles	_____
Wilma	Austria	_____
Peter	Irlanda	_____
Douglas	Scozia	_____
Nancy	America	_____
Paco	Spagna	_____
Catrine	Francia	_____

✓ Un piccolo test

You have arranged a meeting for 11 am at your Italian hotel with signor Gucci who is your firm's Italian representative. As the clock chimes 11.00, someone is knocking at the door.

You   *Ask who it is.*
                   _____ _____?

Sig. Gucci   **Sono il signor Gucci.**

You   *Let him in and greet him.*
                   _____ **signor** _____ , _____ **sta?**

Sig. Gucci	**Bene grazie, e Lei?**
You	*Say you are not too bad and tell him to make himself at home.*

_____ _____ _____ **, grazie. Si** _____

You	*Introduce him to your spouse who has travelled with you. You already know how to say my wife* **mia moglie;** *my husband is* **mio marito.**

_____ _____ _____ _____

Sig. Gucci	_____

L'Italia e gli italiani

Names

Most Italians are named after a name of a saint. A great number of names have both masculine and feminine versions, e.g. **Emilio, Mario, Lorenzo, Alessandro, Roberto, Angelo** become in the feminine **Emilia, Maria, Lorenza, Alessandra, Roberta, Angela.** A few names ending in **-a**, such as **Nicola** and **Andrea**, are masculine.

Titles

In Italy, titles are given a greater importance than in English-speaking countries. All university graduates – not just graduates in the medical profession – are entitled to be called **dottore** (men) and **dottoressa** (women). Secondary and tertiary teachers (who must be graduates) are called **professore** (men) and **professoressa** (women). Architects, engineering graduates and lawyers are called **architetto, ingegnere** and **avvocato** (men), **avvocatessa** (women). For this reason it is quite common to hear: **Buongiorno, dottoressa!** or **Come sta, architetto?**. In southern Italy the title of **dottore** is sometimes used when talking to a man whom one doesn't know but to whom one wishes to show great respect even if he is not **dottore.**

3 | DOVE ABITA?
Where do you live?

In this unit you will learn how to:

■ ask where something is
■ respond if, when asked, you do not know a direction
■ ask and say where you are from
■ ask and say where you live
■ ask other people about their jobs
■ ask someone if they are married and have children
■ say numbers from 0 to 20

Prima di cominciare

Remember that in order to understand what is being said you needn't understand every single word: try to pick out the main words in a sentence.

✓ Attività

Francesca Ferrari and her husband Sergio, whom you do not know, are visiting you at your Italian residence. The bell rings and...

You ask who it is:	_____ _____?
Francesca says:	**Sono la signora Ferrari.**
Invite her in:	_____
Francesca thanks you:	_____

You ask: *Is this your*
(suo) husband?   _____ è _____ _____ ?
Francesca: *Yes, this is Sergio.*   _____ , _____ è _____
Sergio is pleased to meet you: _____
You respond and then ask
them to make themselves at
home: _____ ; _____
You ask Sergio if he speaks
English: _____ _____ ?
Yes, he speaks English but not
too well. He prefers to speak
Italian [*to speak is an*
infinitive]:   **Sì** _____ _____ **ma**

                                              _____ _____ _____

                                             Preferisco _____ _____

🔎 Parole e frasi chiave

Da dire e da capire	
dọve	*where*
dov'ẹ...?	*where is...?*
via	*street*
straniero/straniera	*foreigner*
di dov'è?	*where are you from?; where is he/she from?*
ạbito	*I live*
ạbita	*you live; he/she/it lives*
dove ạbita?	*where do you live?; where does he/she live?*
ho	*I have*
ha	*you have; he/she/it has*
lavoro	*I work; work*
lavora	*you work; he/she works*
che lavoro fa?	*what is your job?*
può rispondere a qualche domanda?	*can you answer some questions?*
mi dica	*go ahead (literally: tell me)*
sono dentista	*I am a dentist*
sposato/sposata	*married*
figlio/figlia	*son/daughter*
figli/figlie	*sons, children/daughters*

quanto/quanta?	*how much?*
quanti/quante?	*how many?*
non lo so	*I do not know*
non capisco	*I do not understand*
quanti anni ha?	*how old is he/she/it/are you?*
ha X anni	*he/she/it is X years old*
puó consegnare il vino?	*can you deliver the wine?*
certamente	*certainly*
in centro	*in the centre (of the town)*
vicino a	*near, in the proximity of*
piazza	*square*
commessa	*shop assistant*
negozio	*shop*
portiere d'albergo	*hotel receptionist*
insegnante	*teacher*
insegno	*I teach*
studente	*student*
studio	*I study*

 Numeri dallo 0 al 20 *Numbers from 0 to 20*

0 **zero**	6 **sei**	11 **undici**	16 **sedici**
1 **uno**	7 **sette**	12 **dodici**	17 **diciassette**
2 **due**	8 **otto**	13 **tredici**	18 **diciotto**
3 **tre**	9 **nove**	14 **quattordici**	19 **diciannove**
4 **quattro**	10 **dieci**	15 **quindici**	20 **venti**
5 **cinque**			

✳ *Zero, nought* and *0* in telephone numbers are all translated by **zero**. **Un libro** can mean *a book* or *one book*.

🎧 Dialoghi

Dialogo 1

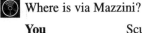

Where is via Mazzini?

You	Scusi, dov'è via Mazzini?
Primo Turista	Mi dispiace ma non lo so: non sono di Genova.
	(let's try again)
You	Scusi, dov'è via Mazzini?
Secondo Turista	Non capisco! Sono straniero!

Dialogo 2

 Daniela is carrying out a survey and asks Francesca a few questions:

Daniela	Scusi signora, può rispondere a qualche domanda?
Francesca	Mi dica.
Daniela	Come si chiama?
Francesca	Francesca Ferrari.
Daniela	Di dov'è?
Francesca	Sono di Santa Margherita.
Daniela	Dove abita?
Francesca	Abito a Genova.
Daniela	Lei lavora?
Francesca	Sì, lavoro.
Daniela	Che lavoro fa?
Francesca	Sono dentista.

Dialogo 3

Is Francesca married? Has she got any children?

Daniela	È sposata?
Francesca	Sì.
Daniela	Ha figli?
Francesca	Sì, una bambina.
Daniela	Quanti anni ha la bambina?
Francesca	Ha sei anni.
Daniela	Grazie, signora. Lei è molto gentile.
Francesca	Prego.

Dialogo 4

Sergio, Francesca's husband, has gone to the country to order some wine which is to be delivered. What's his address?

Sergio	Può consegnare il vino?
Vinaio	Certamente, signore! Dove abita?
Sergio	Abito a Genova, in via Roma.

Vinaio	Numero?
Sergio	Numero 15.
Vinaio	Allora: via Roma, 15 – Genova. Dov'è via Roma?
Sergio	È in centro, vicino a piazza Garibaldi.

Dialogo 5

Daniela asks a group of Italians about their jobs.

Teresa	Sono commessa: lavoro in un negozio.
Piero	Sono portiere d'albergo: lavoro in un albergo.
Brunella	Sono insegnante: insegno matematica.
Claudio	Sono studente: studio medicina.

Spiegazioni

1 Dov'è?

When the last letter of one word and the first letter of the next word are vowels, the first vowel is normally dropped and replaced by an apostrophe ('), e.g. **la arancia** *the orange* becomes **l'arancia.**

In **dove** the stress falls on the **-o** whereas **dov'è**? is stressed on the final **-è**.

2 Turista

Nouns ending in **-ista** can be either masculine or feminine: **il turista/la turista; il violinista/la violinista**. The definite article **il/la** indicates a male or female person.

3 Sposata/sposato

To a woman: **È sposata?** *Are you married?*
She replies: **Sì sono sposata** or **no, non sono sposata**. *Yes, I am married* or *no, I am not married.*

To a man: **È sposato?**
He replies: **Sì, sono sposato** or **no, non sono sposato**.

4 Plural of nouns

When talking of more than one thing, that is to say in the *plural*, in English an -s is usually added at the end of the noun; in Italian, the plural is made by changing the final vowel of the noun in the following ways:

i   Nouns ending in **-o** or **-e** normally change to an **-i**:
libro, libri *book, books*; **automọbile** (f), **automọbili** *car, cars*; **cane** (m), **cani** *dog, dogs*.

ii   Nouns ending in **-a** normally change to an **-e**:
donna, donne *woman, women*; **ragazza, ragazze** *girl, girls;* **domanda, domande** *question, questions*.

iii **Ha figli?** *Have you got any children?* The plural of **figlio** (*son*) is **figli**: this is to avoid two **-i**s occurring at the end of the word (**zio** *uncle* is one of a few exceptions: its plural is **zii**).

iv   Before plural nouns **il** and **la** change respectively into **i** and **le**: **il treno, i treni** *the train, the trains*; **la casa, le case**   *the house/home, the houses/homes*. **Questo** and **questa** *this* become **questi** and **queste** *these*; **questo nụmero, questi nụmeri** *this number, these numbers*.

Note. Nouns ending with an accented vowel do not change in the plural: **una città** *one town*; **due città** *two towns*.

5 Where do you live?

Dove ạbita? the answer is: **ạbito** *a* followed by the name of the city, town or village or small island; **ạbito** *in* followed by the name of the continent, country, region, county or large island.

Abito **a** Roma.   Abito **in** Europa.
Abito **a** Siena.   Abito **in** Italia.
Abito **a** Portofino.   Abito **in** Toscana.
Abito **a** Capri.   Abito **in** Surrey.
                                          Abito **in** Sicilia.

6 Verbs

Here is the pattern for regular verbs of the *first type*:

(io)	parl**o**	*I speak*
(tu)	parl**i**	*you (informal) speak*
(lui, lei/Lei)	parl**a**	*he, she speaks/you (formal) speak*
(noi)	parl**iamo**	*we speak*
(voi)	parl**ate**	*you (plural informal) speak*
(loro/Loro)	parl**ano**	*they/you (plural formal) speak*

Verbs ending in **-iare** (e.g. **mangiare** *to eat*, **studiare** *to study*, etc.) take only one **-i** in the **tu** and **noi** forms: mang**i**, mang**iamo**.

7 You

The reason why the formal *you* is taken from the *third person singular* (e.g. **Lei parla**) derives from old usage when it meant 'Your Excellency' (*What does Your Excellency say?*).

When addressing more than one person the formal *you* is **Loro**:

Loro parlano inglese?   *Do you* (plural) *speak English?*

✳ To summarise: there are four ways of saying *you* in Italian!

    tu (singular informal)   **voi** (plural informal)
    Lei (singular formal)   **Loro** (plural formal)

8 Professioni e occupazioni *Professions and occupations*

The feminine forms of **dottore** and **studente** are, respectively, **dottoressa** and **studentessa**. **Medico**, another word for *doctor*, **negoziante** and **insegnante** apply to both men and women. Other occupations are: **datilografo/dattilografa** typist; **operaio/operaia** factory worker; **telefonista** switchboard operator; **cameriere/cameriera** waiter/waitress; **casalinga** housewife; **infermiere/infermiera** nurse; **dirigente** manager.

These explanations may appear to be a little overwhelming but then most things which are explained in writing seem much more complicated than they really are. In any event you have covered a lot of useful ground and I am sure that bit by bit you will find the basics begin to 'stick'. Just do not worry about it, simply let it happen.

✅ Pratica

1 Fill in the spaces using **il** or **la**. Then read aloud each question and answer that you are sorry but you don't know.

   a Scusi, dov'è ___la___ banca? Mi dispiace ma non lo so.

   b Scusi, dov'è _____ posta?

   c Scusi, dov'è _____ teatro?

   d Scusi, dov'è _____ museo?

   e Scusi, dov'è _____ parco?

   f Scusi, dov'è _____ supermercato?

If you did not understand the question what would you answer?

   g _____ _____ !

2 With the help of the map on page xvi fill in the spaces using **in** and **a** correctly.

   a Angelo abita _____ Toscana

   b Teresa abita _____ Roma

   c Mario abita _____ Sicilia

   d Sergio abita _____ Genova

   e Francesca abita _____ Liguria

   f Maria abita _____ Capri

3 You are at a meeting and are told that one of the participants is Italian. You would like to make his acquaintance.

    a *Ask him if he is Italian*
       You: _____ ?
       He replies: **Sì.**
    b *Ask him where he is from*
       You: _____ ?
       He replies: **Sono di Pavịa.**
    c *Introduce yourself and ask his name*
       You: _____ ?
       He replies: **Stẹfano Vinci.**

4 Fill in the spaces with the professions and occupations in the box to match the illustrations and taking note of the endings.

infermiera	studente	mẹdico
cameriere	segretaria	portiere

a _____

b _____

c _____

d _____

e _____

f _____

L'Italia e gli italiani
Le regioni *the regions*

Italy is roughly the size of Great Britain and has about 58,000,000 inhabitants. It is divided into twenty regions which have a certain degree of autonomy from central government. Before the unification of Italy (1861) each region was either an independent state or part of some other European state; for this reason each region had and still has dialects which can differ greatly from each other and from standard Italian. These dialects are reflected in the pronunciation of the official language. Traditions, customs and cuisine also differ greatly from region to region. The advent of television in the early 1950s, and internal migration, prompted a process of standardisation which is still going on today. The fact that all important Italian towns were at some stage in their history the capitals of their region explains their enormous artistic wealth.

✓ Un piccolo test

Write the questions for the following answers:

1 _____ ? Sì, sono sposato.

2 _____ ? Sì, ho figli.

3 _____ ? Ho tre figli.

4 _____ ? Sono mędico.

5 _____ ? Sì, sono italiano.

6 _____ ? Ąbito a Venezia.

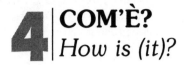

4 COM'È?
How is (it)?

In this unit you will learn how to:

- describe something
- express ownership
- express likes, dislikes and preferences
- say numbers from 21 to 1000

✳ Prima di cominciare

There is no need to feel frustrated if you cannot always remember the rules: this is quite normal for all students; just go back and revise regularly and repeat the vocabulary and sentences to yourself as often as possible. Practice makes perfect. Also, with the help of a dictionary and the vocabulary at the end of the book, experiment in making new sentences of your own using the material you have learnt so far.

✳ You may like to stick Italian labels on all the items in your larder or fridge. Indeed this idea can be extended to other areas: **libretto assegni** can be written on the cover of your cheque book, etc.

✓ Attività

1 Say your name, your nationality, where you live and give your Italian address and telephone number (**il mio numero di telefono è...**). State your age, whether or not you are married and if you have any children (invent some!) give their names and ages.

2 What would you say to someone if you did not understand what they were saying?

🔑 Parole e frasi chiave

Da dire e da capire

com'è?	how is (it)?
che cos'è questo?	what is this?
qual è la sua automọbile?	which (one) is your car?
di che colore è?	what colour is it?
c'è un telẹfono qui?	is there a telephone here?
non c'è zụcchero	there is no sugar
tè	tea
acqua	water
vino	wine
birra	beer
pane (m)	bread
latte (m)	milk
frutta	fruit
ci sono negozi qui vicino?	are there (any) shops nearby?
non ci sono treni	there are no trains
panini	rolls
bịbite	soft drinks
limoni	lemons
mi piace, mi piacciono	I like (it), I like (them)
mi piace la pizza	I like pizza
mi piacciono i gelati	I like ice creams
non mi piace/piacciono	I do not like it/them
Le piace il caffè?	do you like coffee?
Le piacciono i biscotti?	do you like biscuits?
preferisco le paste	I prefer fancy cakes/pastries
il mio/la mia	my, mine
il suo/la sua	your, yours; his; her, hers
molto	very
troppo	too much
andare a teatro	to go to the theatre
non tutte	not all of them

✳ mi piace, mi piacciono, etc. may also be used with the infinitive of any verb, e.g. **mi piace parlare italiano.**

Numeri dal 20 al 1000

20 **venti**	50 **cinquanta**	80 **ottanta**	200 **duecento**
30 **trenta**	60 **sessanta**	90 **novanta**	300 **trecento,** etc.
40 **quaranta**	70 **settanta**	100 **cento**	1000 **mille**

To form all the other numbers in-between, combine hundreds, tens and units:

26 **ventisei**   67 **sessantasette**   356 **trecentocinquantasei**

✳ The final vowel of the tens is omitted before **uno** and **otto: ventuno, ventotto; trentuno, trentotto; quarantuno, quarantotto**, etc.

Before **cento** and **mille**, **uno** is *not* required.

Opposti *Opposites*
bello beautiful/nice   **grande** large/big   **alto** high/tall   **lungo** long
brutto ugly   **piccolo** small   **basso** low/short   **corto** short

pieno full   **caldo** hot   **giovane** young   **nuovo** new
vuoto empty   **freddo** cold   **anziano** elderly/old   **vecchio** old

pesante heavy   **fresco** cool/fresh   **buono** good   **dolce** sweet
leggero light, weak   **tiepido** warm   **cattivo** bad   **amaro** bitter

pulito clean   **largo** wide   **chiaro** clear/light   **veloce** fast
sporco dirty   **stretto** narrow   **scuro** dark   **lento** slow

Colori *Colours*
nero black, **grigio** grey, **blu** navy blue, **azzurro** sky blue, **viola** purple,
verde green, **giallo** yellow, **arancio** (or **arancione**) orange, **rosso** red,
marrone brown, **rosa** pink, **bianco** white.

💬 Dialoghi

Dialogo 1

Com'è questo panino?
È buono.
E il tè?
È troppo leggero e tiepido: è cattivo!

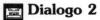 Dialogo 2

Com'è il caffè italiano?
Forte.

 Dialogo 3

Che cos'è questo?
È un limone.

Dialogo 4

Qual è il contrario di grande?
Il contrario di grande è piccolo.
E il contrario di freddo?
Caldo.

Dialogo 5

C'è una birra?
No, non c'è.
Ci sono i biscotti?
No, non ci sono.

Dialogo 6

Di che colore è la sua automobile?
Bianca. Di che colore è la sua?
La mia è rossa.

Dialogo 7

Le piace questa città? (*town/city*)
Sì, mi piace molto.
Le piace andare a teatro?
Sì.
Le piacciono le opere liriche? (*operas*)
Non tutte.

⚙ Spiegazioni

1 They are/are they?

Di che colore sono? *What colour are they?* **Sono** means *they are* as well as *I am* and *you are* (formal plural).

2 Where *il* becomes *lo*

To make pronunciation easier, words starting with **s** followed by a consonant (**sp, st, sv,** etc.), and words starting with **z, ps, gn** take the article **lo** rather than **il: lo zucchero, lo zero, lo studente**. The plural of **lo** is **gli: gli spaghetti, gli studenti, gli zeri,** etc. Before such words **un** becomes **uno: uno studente, uno zero. Un'** is used before feminine nouns starting with a vowel.

3 There is/is there?

C'è = ci è *there is.* **C'è il caffè?** *Is there any coffee?* Remember that if you refer to more than one item you need to say **ci sono. Ci sono le banane?** *Are there any bananas?* This refers to a specific item, e.g. the coffee or the bananas which is/are supposed to be in the cupboard. You can omit the article and say **c'è caffè? ci sono banane?** This refers to coffee or bananas in general.

4 Temperature

To say that something is cold you say **è freddo/è fredda**; to say that the weather is cold you say **fa freddo**. Remember that **caldo** means *hot*!

5 Which is, *qual è*

Qual è il contrario di...? (no apostrophe before the **è**). As you may already have realised, it is not always possible to translate word by word from one language into another; in the case of *what is the opposite of...?* Italians say *which is the opposite of...?*

6 Colour agreements

Colours, like all other adjectives, need to agree with the number and gender of the noun they describe and, unlike English, they are normally placed after the noun: **una automobile rossa, due automobili rosse, un ombrello giallo, due ombrelli gialli.** However, **blu, viola, rosa** and **arancio** (or **arancione**) are exceptions and never change. **Verde** and **marrone** change only in the plural: **verdi, marroni.**

7 Possession

In Italian, words such as *my, mine, your, yours, her, hers, his* and so on require the definite article (**il, la, i, le**) in front of them: *il mio* **libro è qui** *my book is here*; **dov'è** *il suo? where is yours/his/hers?* These words are called possessive adjectives and pronouns, and they must agree with the thing possessed: you say *il suo* **libro** *your/his/her book* because **libro** is masculine, but *la sua* **valigia** *your/his/her suitcase* because **valigia** is feminine.

Kinship terms, when in the singular, do not require the article.

mia madre	my mother	**mia moglie**	my wife
mio padre	my father	**mio marito**	my husband
mia fratello	my brother	**mio nonno**	my grandfather
mia sorella	my sister	**mia nonna**	my grandmother

8 Verbs

Here is the pattern for regular verbs of the *second type*:

---

vedere *to see*

ved**o**	*I see*	ved**iamo**	*we see*
ved**i**	*you see (informal)*	ved**ete**	*you (plural informal) see*
ved**e**	*he, she sees/you (formal) see*	ved**ono**	*they see/ you (plural formal) see*

✓ Pratica

1 Answer the questions by choosing the correct word from the box.

Com'è questa	frutta?	Questa frutta è		fresca.

	birra?	_____	dolce.
	strada? (*road*)	_____	fresca.
Com'è questo	biscotto?	_____	molto caldo!
	caffè?	_____	molto freddo!
	gelato?	_____	lunga!

2 What is the opposite of...?

Qual è il contrario di	pesante?	_____	piccolo
	basso?	_____	leggero
	giovane?	_____	alto
	corto?	_____	anziano
	vuoto?	_____	lungo
	grande?	_____	vecchio
	nuovo?	_____	pieno

3 What colour is it/what colour are they?

Di che colore è il latte?		Il latte è bianco.
	il limone?	_____
	la banana?	_____
	la carne? (*meat*)	_____
	l'erba? (*grass*)	_____

Di che colore sono		
	i limoni?	_____
	le banane?	_____

4 An Italian friend wishes to know if you have learnt your numbers: if all the answers are correct you win a meal at an Italian restaurant! Read the arithmetical expressions aloud, then write them down in full.

plus (+) = **più**	*minus* (−) = **meno**
times (×) = **per**	*divided by* (÷) = **diviso**

$3 + 7 = 10$ **tre più sette fa** (*makes*) **dieci.**

$5 + 6 = 11$	$7 - 3 = 4$	$7 \times 10 = 70$	$550 \div 2 = 275$
$20 + 21 = 41$	$20 - 15 = 5$	$6 \times 7 = 42$	$1000 \div 5 = 200$

5 Read these questions aloud and answer them in the affirmative, i.e. with **sì** (yes).

C'è il latte? Sì, c'è.
Ci sono le birre? Sì, ci sono.

a C'è il pane? _____   **d** Ci sono le banane? _____

b C'è il caffé? _____   **e** Ci sono i panini?_____

c C'è lo zucchero?_____   **f** Ci sono i biscotti?_____

6 Read these questions aloud and answer in the negative, i.e. with **no**.

C'è il latte? No, non c'è.
Ci sono le birre? No, non ci sono.

a C'è il tè? _____   **d** Ci sono i panini?_____

b C'è il vino?_____   **e** Ci sono le aranciate? ___

c C'è l'acqua? _____   **f** Ci sono le pizze? _____

7 You are asked whether you like the various items in the list below. You don't like anything. Read aloud both questions and answers. (After **piace** and **piacciono** the noun is usually preceded by an article).

Le piace la frutta?   No, non mi piace.
Le piacciono i gelati?   No, non mi piacciono.

a Le piace lo zucchero?   _____

b Le piacciono le banane?   _____

c Le piace andare al cinema?   _____

d Le piace il caffè? _____

e Le piacciono i biscotti? _____

f Le piace il vino? _____

g Le piace la carne? _____

h Le piacciono le paste? _____

Mamma mia, che gusti (_taste_) **difficili!**

8 Answer the same questions as above. This time you like everything but prefer something else. Read aloud both questions and answers.

Le piace la frutta? (_gelati_) **Sì, mi piace ma preferisco i gelati.**

a _____ **i biscotti.**

b _____ **le mele** (_apples_).

c _____ **andare a teatro.**

d _____ **il tè.**

e _____ **le torte** (_tarts, cakes_).

f _____ **la birra.**

g _____ **il pesce** (_fish_).

h _____ **la frutta.**

L'Italia e gli italiani
Il bar

Italian bars sell, as well as alcoholic drinks, coffee, tea, soft drinks and cold snacks. Many bars, particularly in small towns and villages, open quite early in the morning to cater for people who, before going to work, wish to have a small breakfast (which often consists of just black coffee). Most bars stay open throughout lunch time until quite late at night. Many people like to spend some of their free time in bars, meeting friends, playing cards or snooker, reading the paper, watching television or just sitting at the tables outside watching the world go by: in fact this is a peculiarly Italian pastime; they often spend several hours there just drinking one cup of coffee! Most bars have a public telephone and a toilet.

✓ Un piccolo test

Make up questions for the following answers:

1 Questa è una birra.
2 Si è buono.
3 La mia auto(mobile) è questa.
4 No, non c'è l'acqua.
5 Sì, i limoni ci sono.
6 Il mare (*sea*) è azzurro.
7 No, questo vino non mi piace.

5 | QUANT'È?
How much is it?

In this unit you will learn:

■ how to ask for something
■ how to state quantities
■ how to ask the price
■ the names for shops
■ numbers from 1000 onwards

Prima di cominciare

It is important that you should learn the numbers, including the high ones, because the Italian pre-Euro monetary system is such that large numbers are in constant use by ordinary shoppers. To practise the numbers choose a page from the telephone directory and read aloud as many numbers as you can: you may start by reading the first two digits of each number, then the first three and so on until you are able to read the whole number. This should help you to gain even greater fluency.

✓ Attività

You are in the **ufficio turistico** (*tourist office*) and you wish to make a call to Francesca. You ask:

1 Is there a telephone here? _____?

2 *You call Francesca who wants to meet at Caffè Biffi.*
   You ask: where is Caffè Biffi? _____?

3 *After the call you decide to go to the bank first so you go back to the information desk.*
   You ask: is there a bank nearby? _____?

4 *At last you reach Caffè Biffi and order a beer and a roll.*
   _____?

5 *Now ask*: is there a toilet here? _____?

🔑 Parole e frasi chiave

Da dire e da capire

desidera?	can I help you?
mi dia	I will have (lit: give me)
vorrei...	I would like...
un caffè	one black (espresso) coffee
un capuccino	one white coffee
un francobollo per gli Stati Uniti	a stamp for the US
un chilo di mele	a kilo of apples
mezzo chilo di pomodori	half a kilo of tomatoes
un etto/cento grammi di burro	100 grams of butter
un litro di vino blanco	a lite of white wine
mezzo litro di latte	half a litre of milk
una scatoletta di tonno	a tin of tuna
una fetta di torta	a slice of cake/tart
un pacco di spaghetti	a packet of spaghetti
come vuole il panino?	how do you want the roll?
come preferisce	as you prefer
prosciutto (cotto)	ham
prosciutto crudo	cured/parma ham
formaggio	cheese
omelette (f)	omelet
là	(over) there
quelli (m), **quelle** (f)	those
albicocche	apricots
ciliegie	cherries
non troppo maturi	not too ripe
questi vanno bene?	are these OK?
è tutto	that's all
in tutto	in all

allora	*well then*
vado/sono *dal* **fruttivendolo**	*I am going to the greengrocer's*
al **bar/al caffè**	*or I am at/in the bar*
al **ristorante**	*the restaurant*
al **supermercato**	*the supermarket*
*all'***ufficio postale/**	
alla **posta**	*the post office*
al **negozio d'alimentari**	*the grocer's*
But **vado/sono** *in* **panetteria**	*(the) baker's*
in **macelleria**	*butcher's*
in **pescheria**	*fishmonger's*
in **tabaccheria**	*tobacconist's*
in **farmacia**	*chemist's*
in **edicola**	*newsagent's*
in **libreria**	*bookshop*
in **drogheria**	*grocer's*

Note also: **vado/sono**: **in** piscina, **in** chiesa (*church*), **in** giardino (*garden*), **in** or **a** casa, **in** or **a** letto (*bed*), **in** montagna, **in** città, **in** campagna (*countryside*), **in** ufficio (*office*), **al** mare, **a** teatro, **al** cinema.

Note that the **drogheria** is not a drugstore or chemist's but a grocer's; it means the same as **il negozio d'alimentari**. The chemist's is **la farmacia**.

un etto (short for **ettogrammo**), **due etti**, etc. means 100 grams, 200 grams, etc. and is used instead of saying cento grammi. 150g, 250g, etc. are expressed as **un etto e mezzo, due etti e mezzo**, etc.

ecco	*here (it) is*
euro (1€ = 1936.27 lire)	*Euro (the European currency)*
due euro e cinque centesimi	*two euros and five cents*
il resto	*the change*
desidera altro?	*anything else?*
quant'è?	*how much is it?*
quanto costa?	*how much does it cost?*
quanto costano?	*how much do they cost?*
è troppo (caro)	*it is too much/too expensive*
è a buon mercato/costa poco	*it is cheap*
deve pagare alla cassa	*you must pay at the cash desk*
deve fare lo scontrino	*you must get the receipt*
devo telefonare	*I must make a telephone call*
devo andare in banca	*I must go to the bank*
devo andare a fare la spesa	*I must go shopping*

Numeri dal 1000 in poi *Numbers from 1000 onwards*

1.000 **mille**	1.000.000 **un milione**
2.000 **duemila**	2.000.000 **due milioni**
3.000 **tremila**	3.000.000 **tre milioni**
10.000 **diecimila**	10.000.000 **dieci milioni**
100.000 **centomila**	100.000.000 **cento milioni**
500.000 **cinquecentomila**	1000.000.000 **mille milioni**
	(un miliardo)

Numbers are written in one word, e.g.
977.654 novecentosettantasettemilaseicentocinquantaquattro
nine hundred (and) seventy seven thousand six hundred (and) fifty-four.

1 **Mille** *one thousand becomes* **mila** *in the plural.*
2 Groups of three figures or more are separated by a dot.
3 A comma indicates the decimal point: 1,5 **uno vịrgola cinque** (or **uno e cinque**) = *one point five.*
4 *Eleven hundred, twelve hundred,* etc. are translated by **millecento, milleduecento** *one thousand one hundred, one thousand two hundred.*

 # Dialoghi

 ## Dialogo 1

 In some Italian bars you pay at the cashier's desk before ordering at the counter. What does Brunella ask for?

Barista	Buongiorno, signora.
Brunella	Buongiorno. Un caffè e un panino.
Barista	Deve fare lo scontrino.
Brunella	*(to the cashier)* Un caffè e un panino, per favore.
Cassiera	Come vuole il panino: con prosciutto, formaggio, salame, omelette…?
Brunella	Prosciutto cotto o crudo?
Cassiera	Come preferisce.
Brunella	Allora con prosciutto crudo.
Cassiera	Va bene. Un caffè e un panino con prosciutto crudo. Due e trentotto.
Brunella	*(counting the coins and giving them to the cashier)* Due e trentatré … due e trentotto.

Brunella   (*to the barman*) Un caffè e un panino con prosciutto. Scusi,
                c'è un telefono qui?
Barista   Sì, è là.
Brunella   Grazie.
Barista   Prego.

	Bar Primula *Passeggiata a mare Camogli* *via Garibaldi* *tel. 0185/770351* *Camogli (Ge)*	
Quantità	*Descrizione*	*Importo*
1	caffè	0,61
1	un panino con prosciutto crudo	1,80
	Totale	2,31

Proverbio *Proverb*
Vale più la pratica della grammatica. *Practice makes perfect.* (Literally:
practice is worth more than grammar).

 # Dialogo 2

Francesca is buying some fruit and vegetables in the large market in the
centre of Genoa; first she enquires about prices.

Fruttivendola   Desidera?
Francesca   Quanto costano le mele?
Fruttivendola   Queste mele costano uno e ventinove; quelle due e sette.
Francesca   Vorrei un chilo di queste. Le albicocche quanto costano?
Fruttivendola   Due e sette al chilo.
Francesca   Sono troppo care. Mi dia un chilo di ciliege.
Fruttivendola   Ecco. Desidera altro signora?
Francesca   Sì mezzo chilo di pomodori, non troppo maturi.
Fruttivendola   Questi vanno bene?
Francesca   Sì, grazie. È tutto. Quant'è in tutto?

Fruttivendola	Allora... le mele due e sette, le ciliege uno e novantasei, i pomodori cinquantadue centẹsimi... Quattro e cinquantacinque in tutto.
Francesca	Ecco cinque euro (*paying with a five Euro note*).
Fruttivendola	Grazie. Ecco quarantacinque centẹsimi di resto.

⚙ Spiegazioni

1 Quello

Vorrei quello/quella.   *I would like that one.*
Vorrei quelli/quelle.   *I would like those.*

Before a noun the forms of **quello** are similar to those of the definite article (il, lo, la, l', i, gli, le):

| quel negozio | quello scontrino | quell' aeroporto | quella chiesa |
| quei negozi | quegli scontrini | quegli aeroporti | quelle chiese |

2 A + il *to the*

Vado al bar *I am going/I go to the bar*: words like **a** (*to, at*), **di** (*of*), **da** (*from, by*), **in** (*in, into*) and **su** (*on*), followed by a definite article (**il, lo, la**) combine as follows:

a		al	allo	alla	all'	*to the*
di		dei	dello	della	dell'	*of the*
da	+ il	dal + lo	dallo + la	dalla + l'	dall'	*from the*
in		nei	nello	nello	nell'	*in the*
su		sul	sullo	sulla	sull'	*on the*

sul treno	*on the train*	**all'albergo**	*at the hotel*
nello studio	*in the study*	**del padre**	*of the father*
dalla stazione	*from the station*	**sulla tavola**	*on the table*

This list is given to you so that you may recognise the forms as you meet them. It is not necessary that you learn it by heart, though it will speed up your comprehension and fluency if you do.

You will find these combinations in Italian where *the* is not used in English, e.g.   **all'arrivo**   *on arrival.*
                                                  al binario   *on platform.*

3 Superlatives

caro	**molto caro**	**carissimo**
expensive	*very expensive*	*very expensive indeed*
bello	**molto bello**	**bellissimo**
beautiful	*very beautiful*	*very beautiful indeed*
buono	**molto buono**	**buonissimo**
good	*very good*	*very good indeed*
comodo	**molto comodo**	**comodissimo**
comfortable	*very comfortable*	*very comfortable indeed*

Queste mele sono carissime.	*These apples are very expensive indeed.*
Questo caffè è buonissimo.	*This coffee is very good indeed.*
Queste scarpe sono comodissime.	*These shoes are very comfortable indeed.*

4 Verbs

Here is the pattern for regular verbs belonging to the *third type* (or conjugation).

 Some **-ire** verbs take **-isc** between the stem and the ending (type IIIb), except for the 1st and 2nd persons plural.

	Type IIIa		**Type IIIb**	
partire	*to leave/to depart*		**finire**	*to finish*
part**o**	*I leave*		finisc**o**	*I finish*
part**i**	*you (informal) leave*		finisc**i**	*you (informal) finish*
part**e**	*he, she leaves/you (formal) leave*		finisc**e**	*he, she finishes/you (formal) finish*
part**iamo**	*we leave*		fin**iamo**	*we finish*
part**ite**	*you (pl. informal) leave*		fin**ite**	*you (pl. informal) finish*
part**ono**	*they, you (pl. formal) leave*		finisc**ono**	*they, you (pl. formal) finish*

In Italian:
sc followed by an **-o**, (or **-a/-u**) is pronounced as *sk* in *skirt*.
sc followed by an **-e** or **-i** is pronounced as *sh* in *shirt*.

5 Irregular verbs

Some verbs do not follow the regular pattern:

essere	*to be*		**avere**	*to have*
sono	*I am*		**ho**	*I have*
sei	*you are*		**hai**	*you have*
è	*he, she, it is, you (formal) are*		**ha**	*he, she, it has, you (formal) have*
siamo	*we are*		**abbiamo**	*we have*
siete	*you (pl. informal) are*		**avete**	*you (pl. informal) have*
sono	*they are, you (pl. formal) are*		**hanno**	*they have, you (pl. formal) have*

☑ Pratica

1 a Che negozio è questo?   **b** Che negozio è questo?

c Che cosa si compra qui?   **d** Che negozio è questo?

2 a Ask a passer-by if there is a supermarket
                                                  bank
                                                  chemist's
                                                  tourist office
                                                  bookshop nearby.
   b Say that you must go to the bank.
                             are going to the grocer's.
                             must go to the greengrocer's.

3 a Ask the greengrocer for half a kilo of ripe tomatoes.
                                  five bananas.
   b Ask the shop assistant the price of 100 grams of cured ham.
                                          1 litre of milk.
                                          half a litre of wine.
   c At the end of your shopping ask how much it is in all.

4 This is your shopping list. Which shop do you go to and what do you
   buy? (There are more shops listed than you will need.)

un pacco di spaghetti	panetteria
½ kg. di zucchero	alimentari
due fette di torta di mele	
1L. di acqua minerale	edìcola
un francobollo per l'Inghilterra	macelleria
una scatola di tonno	
una scatola di pomodori	farmacia
aspirine	pescheria
1 kg. di pane	ufficio postale

5 Practise reading aloud the following:

   a un chilo di pane costa 2,58 €.
   b un litro di latte costa 0,93 €.
   c un etto di prosciutto crudo costa 2,06 €.
   d un etto di formaggio costa 1,14 €.
   e un etto di torta costa 1,08 €.
   f un etto di caffè costa 1,24 €.

Try to get the gist of the passage on page 46 without concentrating too
much on every single word. Several of the new words are similar to English.

L'Italia e gli italiani

La spesa

Per tradizione gli italiani preferiscono fare la spesa nei piccoli negozi specializzati piuttosto che andare al supermercato. Nei negozi specializzati i prezzi sono più alti ma il cibo è di migliore qualità e il servizio è più personale. In Italia purtroppo la coda non esiste: i clienti, nei negozi come nelle banche e negli uffici pubblici, formano dei gruppi e spesso è difficile sapere a chi tocca essere servito; quindi spesso è necessario dire **Mi dispiace, signora, ma tocca a me!**
Le **tabaccherie** commerciano su licenza dello stato (monopolio) e oltre alle sigarette ed ai tabacchi vendono francobolli e... sale, perchè anche il sale è monopolio di stato.
Generalmente le **edicole** sono chioschi che vendono soltanto giornali, riviste, libri e videocassette.

piuttosto che	*rather than*
i prezzi sono più alti	*the prices are higher*
il cibo è di migliore qualità	*the food is of a better quality*
purtroppo	*unfortunately*
la coda	*queue (literally: tail)*
spesso è difficile sapere	*it is often difficult to know*
come	*as well as*
a chi tocca	*whose turn it is*
quindi	*therefore*
tocca a me!	*it's my turn!*
oltre	*besides*
sale	*salt*
giornali	*newspapers*
riviste	*magazines*

6 Read the previous passage again and tick the correct answer.

		Vero	**Falso**
a	Gli italiani preferiscono andare al supermercato.	☐	☐
b	Nel supermercato i prezzi sono più alti.	☐	☐
c	I francobolli si comprano in tabaccheria e alla posta.	☐	☐

✔ Un piccolo test

Write the questions for the following answers:

1 No, grazie, questo è tutto.
2 Costa cinquemila lire/due e cinquantotto €.
3 Devo andare in banca.
4 No, non è caro: è a buon mercato.
5 Deve pagare alla cassa.

6 CHE ORE SONO?
What's the time?

In this unit you will learn how to:

■ tell the time
■ talk about the time when something is going to happen
■ enquire about shop opening times
■ say some useful expressions of time
■ say the days of the week
■ say the months of the year

Prima di cominciare

It is not difficult to ask the time and to enquire when something, such as a shop opening, is going to occur. However, this unit contains a lot of useful vocabulary which should be learnt in order to understand Italians when they bombard you with answers to what seemed to be simple questions.

Take every opportunity to tell yourself the time in Italian and try to think of all your **appuntamenti** *appointments* or the times of TV programmes in Italian too. If you have the CDs/cassettes, do not forget to listen to each dialogue before reading it.

✓ Attività

Revise the following numbers, saying them aloud.

17	7	6	31	48	12	28	15	5	67

76	13	100	1.000	2.570	12.347	25.891

🔑 Parole e frasi chiave

Da dire e da capire

che ore sono?/che ora è?	what's the time?
sono le due e dieci	it's ten past two
quando arriva l'aereo?	when does the plane arrive?
a che ora...	what time...
apre la banca?	does the bank open?
chiude il negozio?	does the shop close?
comincia/inizia il film?	does the fim start?
finisce lo spettacolo?	does the show end?
aprono gli uffici?	do the offices open?
chiudono i musei?	do museums close?
finiscono di lavorare?	do they finish work?
è la (prima) colazione?	is breakfast?
è la seconda colazione/	
il pranzo?	is lunch?
la cena?	is dinner?
quanto dura?	how long does it last?
dalle sette e mezzo alle dieci	from seven thirty to ten
dura due ore	it lasts two hours
tardi	late
presto	early
l'altro ieri	the day before yesterday
ieri	yesterday
questa mattina = stamattina	this morning
questa sera = stasera	this evening
oggi	today
che giorno è oggi?	what's the day today?
domani	tomorrow
dopodomani	the day after tomorrow
fra una settimana	in a week's time
devo comprare	I must buy
è chiusa	it is closed
medicina	medicine
più tardi	later (literally: more late)
all'ora di pranzo	at lunchtime
riaprono	re-open
dappertutto	everywhere
alcune città	some towns/cities
mezz'ora più tardi	half an hour later
ci vediamo	we'll meet (lit: we'll see each other); see you (soon)
è troppo lontano	it's too far
va bene	OK
vai a scuola tutti i giorni?	do you go to school every day?
eccetto	except

anche	*also/too*
le lezioni	*lessons*
sto a casa a fare i compiti	*I stay at home and do my homework*

Parti del giorno *Parts of the day*

la mattina, questa mattina	morning/in the morning, this morning
il pomeriggio, questo pomeriggio	afternoon/in the afternoon, this afternoon
la sera, questa sera	evening/in the evening, this evening
la notte, questa notte	night/at night, tonight
la notte scorsa	last night
l'alba	dawn
il tramonto	sunset

I giorni della settimana *The days of the week*

lunedì	Monday	**giovedì**	Thursday	**sabato**	Saturday
martedì	Tuesday	**venerdì**	Friday	**domenica**	Sunday
mercoledì	Wednesday				

il fine settimana/l'weekend	the weekend
lunedì prossimo/scorso	next/last Monday

I mesi dell'anno *The months of the year*

gennaio	January	**maggio**	May	**settembre**	September
febbraio	February	**giugno**	June	**ottobre**	October
marzo	March	**luglio**	July	**novembre**	November
aprile	April	**agosto**	August	**dicembre**	December

il mese/il febbraio prossimo/scorso   next/last month/February

Le quattro stagioni *The four seasons*

primavera	spring	**autunno**	autumn
estate (f)	summer	**inverno**	winter

l'estate prossima/scorsa   next/last summer

✱ In Italian the days of the week, and the months, have no initial capital.

> Trenta giorni a novembre,
> con april(e), giugno e settembre
> di ventotto ce n'è uno,
> tutti gli altri ne han(no) trentuno.

Dialoghi

Dialogo 1

 A tourist asks the time of a local policeman (**un vigile**); she needs some medicine but… is she too late or too early?

Turista　Scusi, che ore sono?
Vigile　　Sono le tre e dieci.
Turista　Devo comprare una medicina ma la farmacia è chiusa.
Vigile　　È troppo presto. La farmacia apre alle tre e mezzo. Deve ritornare piú tardi.

Dialogo 2

 She now decides to go to the tourist office to enquire about shop opening times. At what time do they open in the afternoon?

Turista　　Buongiorno. Quando aprono i negozi?
Signorina　La mattina?
Turista　　Sì.
Signorina　La mattina aprono alle otto e mezzo.
Turista　　Chiudono all'ora di pranzo?
Signorina　Sì, alle dodici e mezzo.

Turista　　E il pomeriggio?
Signorina　Il pomeriggio riaprono alle tre e mezzo e chiudono alle sette e mezzo.

Turista	Questo dappertutto?
Signorina	No, in alcune città aprono e chiudono mezz'ora più tardi.
Turista	Grazie. Buongiorno.
Signorina	Buongiorno.

 ## Dialogo 3

Marina and Monica are going to the cinema. Where are they going to meet? Are they close friends?

Monica	A che ora comincia il film?
Marina	Alle nove.
Monica	Allora ci vediamo alle nove meno un quarto?
Marina	Va bene. Dove?
Monica	Al bar Smeraldo. Va bene?
Marina	No, è troppo lontano. Puoi venire in piazza Garibaldi?
Monica	Va bene, ci vediamo in piazza Garibaldi. Ciao.
Marina	Ciao.

Dialogo 4

On a bus you overhear this conversation between a tourist and a local child. Do Italian children go to school on Saturdays? And in the afternoon?

Turista	Vai a scuola tutti i giorni?
Bambino	Sì, tutti i giorni, eccetto la domenica.
Turista	Allora vai a scuola anche il sabato!
Bambino	Sì, anche il sabato: da ottobre a giugno.
Turista	A che ora cominciano le lezioni?
Bambino	Cominciano alle otto e mezzo e finiscono a mezzogiorno e mezzo.
Turista	E il pomeriggio?
Bambino	Il pomeriggio sto a casa a fare i compiti.

◎ Spiegazioni

1 Telling the time

To ask *what's the time?* you can either say **che ore sono?** or **che ora è?** (literally: what hours are they? or, what hour is it?). The answer will be **sono le...** followed by the time.

When it's *midday* **mezzogiorno**, *midnight* **mezzanotte** or *one o'clock* **l'una**, you say **è mezzogiorno, è mezzanotte, è l'una.**

The easiest way to give the time is to say the hour followed by the minutes. The word **minuti** is not necessary.

Sono le sette e...
cinque, dieci, quindici or **un quarto** (*a quarter*), **venti, venticinque, trenta** or **mezzo** (*half*), **trentacinque, quaranta, quarantacinque** or **tre quarti** (*three quarters*), **cinquanta, cinquantacinque.**

When the time is from twenty minutes to the hour onwards, e.g. *twenty to nine/a quarter to nine*, etc. you may say **sono le nove meno venti/sono le nove meno un quarto**, etc. This literally means *it's nine minus ... minutes* and you will hear it used in everyday speech. Formal announcements of time are given using the 24-hour clock.

2 Days

On Mondays, on Tuesdays, etc. is translated by **il lunedì, il martedì** (**domenica** is feminine so you say **la domenica**).

> **Lavoro dal lunedí al venerdí ma il sabato e la domenica non lavoro.**

3 Yesterday/tomorrow

Ieri, oggi, domani and **dopodomani** never change. **Ieri, domani** and **dopodomani** can combine with **mattina, pomeriggio** and **sera; oggi** can combine only with **pomeriggio**, e.g. **ieri sera** *yesterday evening*, **domani mattina** *tomorrow morning*, **domani pomeriggio** *tomorrow afternoon*, **oggi pomeriggio** *this afternoon*.

4 Città and località

Like all words ending with an accented vowel, **città** and **località** do not change in the plural.

5 Irregular verbs

dovere	to have to, must	**potere**	to be able, can, may
devo	I must	**posso**	I can
devi	you (inf.) must	**puoi**	you (inf.) can
deve	he, she, it, you (formal) must	**può**	he, she, it, you (formal) can
dobbiamo	we must	**possiamo**	we can
dovete	you (pl. inf.) must	**potete**	you (pl. inf.) can
devono	they, you (pl. formal) must	**possono**	they, you (pl. formal) can

Dovere and **potere** are usually followed by an infinitive, e.g. **Devo** partire alle tre. *I must leave at 3 o'clock.*

☑ Pratica

1   Here are the booking times for the Politeama Margherita theatre.

   a   Can you book at lunchtime?

   b   On which day of the week can you book one hour before the show?

2   a   Does the advertisement say at what time the Victor Hugo rehearsal starts?

   b   On what day and at what time can you see the play at Sala E. Duse?

TEATRI

POLITEAMA MARGHERITA
(Via XX Settembre 20)
Tel. 589.329 581.697
Biglietteria – Orario: da lunedì a sabato dalle 10 alle 12,30 e dalle 15,30 alle 19. Aperture domenicali: un'ora prima dello spettacolo.

TEATRO DELLA CORTE
Viale Duca d'Aosta – Tel. 010. 5342.300. Sono in corso le prove di **"Mille franchi di ricompensa"** di Victor Hugo Regia: Bruno Bezzon – In scena dal 5/6

SALA E. DUSE
(Via N. Bacigalupo)
Tel. 010.5342.300
Biglietteria: da lunedì, ore 1500–1900
Prezzo: 45.000–31.000
Giovedì ore 21: **"Il nuovo inquilino"** di Eugene Ionesco.

3 **a** You wish to know what time the chemist's opens. How do you ask a passer-by? Remember to attract his/her attention first.

_____?

  b Can you unscramble this sentence?
     A comincia che lo spettacolo ora?

_____?

  c Provide the question for the following answer:

_____?

     La mattina aprono alle otto e mezzo.

4 Assuming that today is Tuesday the 15th, how would you define the following times using one of the combinations explained above?

  lunedì 14 alle 2000 = ieri sera

  a mercoledì 16 alle 1030 _____

  b giovedì 17   alle 2000 _____

  c lunedì 14   alle 0900 _____

  d martedì 15   alle 1430 _____

  e mercoledì 16 alle 2100 _____

5 Using the words in the box complete the sentences.

  a _____ comincia il film?

  b Sono le tre. Il negozio non è aperto: _____ .

  c _____ chiude il bar?

  d La farmacia è chiusa: deve ritornare _____ .

  e La domenica i negozi sono _____ .

è troppo presto		più tardi
	chiusi	
quando		quando

Read the following passage as many times as necessary to enable you to understand it.

L'Italia e gli italiani
Gli orari dei negozi

La mattina i negozi aprono alle otto e trenta e chiudono alle dodici e trenta per il pranzo. Il pomeriggio riaprono alle quindici e trenta e la sera chiudono alle diciannove e trenta. In alcune località aprono e chiudono mezz'ora più tardi. La domenica e nei giorni festivi i negozi sono generalmente chiusi eccetto in alcune località turistiche dove molti negozi sono aperti. Anche molti bar sono aperti la domenica e nelle città c'è sempre una farmacia aperta. In ogni farmacia c'è una lista di quelle aperte la domenica e la notte. Generalmente il mercoledì pomeriggio i negozi di generi alimentari sono chiusi ma i supermercati sono aperti.

per il pranzo	*for lunch*
alcune	*some*
località	*places*
mezz'ora	*half an hour*
generalmente	*generally*
giorni festivi	*holidays*
anche	*also*
molti	*many*
città	*cities/towns*
sempre	*always*
lista di quelle	*list of those*
generi alimentari	*food-stuffs*

✓ Un piccolo test

Give the questions for the following answers:

1 _____ ?

La sera i negozi chiudono alle sette e mezzo.

2 _____ ?

Sì, la domenica c'è sempre una farmacia aperta.

3 _____ ?

I negozi di generi alimentari chiudono il mercoledì pomeriggio.

4 _____ ?

Sì, la domenica molti bar aprono.

5 _____ ?

No, il mercoledì pomeriggio i supermercati non chiudono.

7 A CHE ORA PARTE?
What time does it leave?

In this unit you will learn how to:
■ ask for and understand information about trains
■ ask for single and return tickets
■ understand train announcements

✱ Prima di cominciare

The ability to make your own travel arrangements will give you greater independence, flexibility and confidence. Since travel arrangements involve times and dates you may find it helpful to refer back to Unit 6.

✱ In some units you will find patterns (or conjugations) for irregular verbs to learn by heart. If you find it hard to remember the whole conjugation, concentrate on the 1st and 2nd persons singular as these are the ones that you will need the most.

✓ Attività

1 A tourist asks you why the chemist is not open. You answer that it is too early, and that the shops open at half past three.
2 Ask a passer-by what time the shops close on a Saturday afternoon.
3 You are at the theatre: ask when the performance ends.
4 A woman asks you how long the film lasts: what does she say?
5 The hotel receptionist asks you **Quando parte, signora?** You tell him that you will leave in a week's time.

🔑 Parole e frasi chiave

Da dire e da capire

a che ora parte?	*what time does it leave?*
il prossimo treno per...	*the next train to...*
a che ora arriva?	*what time does it arrive?*
fare il biglietto	*to buy the ticket*
un biglietto di andata	*a one-way ticket*
un biglietto di andata e ritorno	*a return ticket*
corsa semplice	*single journey (=one way ticket)*
per quanto tempo è valido?	*how long is it valid for?*
devo cambiare?	*must I change?*
ferma a ...?	*does it stop at...?*
il binario	*platform*
a che binario arriva?	*on what platform does it arrive?*
va direttamente a...?	*does it go directly to...?*
la coincidenza	*connection*
viaggiare	*to travel*
il treno è in anticipo	*the train is early*
il treno è in ritardo	*the train is late*
il treno è in orario	*the train is on time*
di solito	*usually*
vorrei sapere	*I would like to know*
l'orario	*timetable*
l'orario feriale	*weekly timetable*
l'orario festivo	*Sunday and holiday timetable*
il treno è in arrivo	*the train is arriving*
il treno è in partenza	*the train is leaving*
prima (classe)	*first class*
prima di	*before*
seconda (classe)	*second class*
prenotare/riservare il posto	*to book/reserve the seat*
pagare il supplemento	*to pay the surcharge*
dunque	*well then*
sono sospesi	*don't run (lit: are suspended)*
paga la tariffa ridotta?	*does he/she pay a reduced fare?*
Parigi	*Paris*
obbligatorio (-a)	*compulsory*
facoltativo (-a)	*optional*
la metà	*half*

Early can also be translated by **presto** in other contexts:

> **La mattina vado al lavoro molto presto.**   *I go to work very early in the morning.*

 Dialoghi

Dialogo 1

At the station you overhear the following conversation between a traveller and the clerk at the ticket office. Does the train leave in the morning? Is it a through train?

Viaggiatore	A che ora parte il prossimo treno per Firenze?
Impiegato	Alle tredici e quindici.
Viaggiatore	Va direttamente a Firenze o devo cambiare?
Impiegato	Deve cambiare a Pisa.
Viaggiatore	A che ora arriva a Pisa?
Impiegato	Alle quindici e ventinove. La coincidenza è alle quindici e cinquantacinque.
Viaggiatore	Va bene, grazie. Due biglietti per Firenze, seconda.
Impiegato	Solo andata?
Viaggiatore	Andata e ritorno. A che binario arriva?
Impiegato	Al primo binario.
Viaggiatore	Sa se il treno è in orario?
Impiegato	Non lo so. Di solito viaggia con alcuni minuti di ritardo.

Dialogo 2

Where is Francesca travelling to? Is she going alone?

Francesca	Buongiorno. Vorrei sapere l'orario dei treni per Como.
Impiegato	Quando vuole viaggiare?
Francesca	Domani mattina.
Impiegato	Domani è domenica: c'è l'orario festivo, alcuni treni sono sospesi. Dunque… c'è un treno che parte alle otto e cinquantasei. A Milano ha la coincidenza per Como alle dodici e nove.
Francesca	Il treno per Milano è un Intercity?

Impiegato	Sì, con prenotazione obbligatoria gratuita in prima classe e prenotazione facoltativa, a pagamento, in seconda classe.
Francesca	La bambina ha sette anni, paga la tariffa ridotta?
Impiegato	Sì, paga la metà.

🔊 Spiegazioni

1 Irregular verbs

sapere *to know*	andare *to go*	fare *to do, to make*
so	vado	faccio
sai	vai	fai
sa	va	fa
sappiamo	andiamo	facciamo
sapete	andate	fate
sanno	vanno	fanno

In Italian there are two verbs for *to know*:

a **sapere**, which is irregular, is used to express the knowledge of a fact: **so le notizie** *I know the news*, **so che Maria arriva questa sera** *I know that Maria arrives this evening*; when **sapere** is followed by an infinitive it means *to know how to (to be able to)*: **Angela sa guidare** *Angela can drive;*

b **conoscere**, which is a regular verb, is used to mean *to be acquainted with* (usually a person or a place): **conosco Roma** *I know Rome*; **conosco Giacomo** *I know James*.

Remember that **-sc** before **-o** is pronounced like a -k whereas before **-i** or **-e** it is pronounced like -sh.

2 Fare

Fare il biglietto *to buy a ticket*. Although **fare** means *to make* or *to do*, it is used in many idiomatic phrases such as: **fare la spesa** *to go shopping*; **fare colazione** *to have breakfast*; **fare le valigie** *to pack*.

3 It is necessary to

Bisogna = è necessario *it is necessary/one must*, is always followed by the infinitive of the verb:

> **Bisogna cambiare a**   *It is necessary to change at*
> **Genova.**   *Genoa.*

4 Ed/ad

For easier pronunciation, when **e** (and) and **a** (to) occur before a word starting with a vowel a **-d** is added:

> **Maria ed Elena vanno in**   *Maria and Elena go on*
> **vacanza.**   *holiday.*

5 Dunque/allora

Dunque (*so/therefore*) and **allora** (*then*) are frequently used in Italian at the beginning of a sentence and, as with the English *well*, they have no particular meaning.

✓ Pratica

1 From the box below select the correct answers to the questions and complete the dialogue.

no, prima	**andata e ritorno**
sì, ecco	**domani mattina**

Impiegato	Quando desidera viaggiare?
Viaggiatore	_____ .
Impiegato	Solo andata?
Viaggiatore	_____ .
Impiegato	Seconda classe?
Viaggiatore	_____ .
Impiegato	Sei e sessantuno. Ha undici centesimi?
Viaggiatore	_____ .
Impiegato	Grazie. Ecco tre e cinquanta di resto.

2 Listen to the announcements on the recording, or read them out loud, and tick the right answer (**allontanarsi** = *to go away*; in this context *to keep at a distance*).

a Treno regionale per Genova delle ore sędici e trentacinque viaggia con venti minuti di ritardo.

b Il treno espresso da Roma per Losanna è in arrivo al binario quattro.

c Attenzione. Attenzione. Il treno Eurocity da Roma per Parigi è in trạnsito al binario due. Allontanarsi dal binario due.

a Il treno per Genova	ferma in tutte le stazioni.	☐
	non ferma in tutte le stazioni.	☐
	è in orario.	☐
b Il treno espresso	va a Roma.	☐
	va a Losanna.	☐
	ha quattro minuti di ritardo.	☐
c L'Eurocity	ferma a Genova.	☐
	ferma a Parigi.	☐
	è in anticipo.	☐

3 Unscramble these sentences:
a un Roma ritorno andata di per biglietto e
b treno binario che a arriva da il Genova?
c due valido il è biglietto mesi per
d a parte ora che l'Firenze per Intercity?
e festivo sapere vorrei l'orario
f direttamente cambiare va o devo?
g ritardo di minuti alcuni treno il viaggia con

4 Play the part of the man at the ticket office.

Viaggiatore	Scusi, a che ora parte il prọssimo treno per Roma?
Impiegato	(*The next train to Rome leaves at 10.02.*)
Viaggiatore	Va direttamente a Roma o bisogna cambiare?
Impiegato	(*It is necessary to change at Padova.*)
Viaggiatore	A che ora è la coincidenza?
Impiegato	(*The connection is at 11.00 and you arrive in Rome at 18.30.*)
Viaggiatore	È un treno interregionale?
Impiegato	(*No, it is an inter-city train.*)

Viaggiatore	Bisogna prenotare il posto?
Impiegato	(*Yes, it is necessary to book the seat.*)
Viaggiatore	Allora un biglietto per Roma, per favore.
Impiegato	(*Single?*)
Viaggiatore	Per quanto tempo è valido il biglietto?
Impiegato	(*Two months.*)
Viaggiatore	Allora andata e ritorno.
Impiegato	(*First or second class?*)
Viaggiatore	Seconda.

5 Write down the answers to the previous exercise and check them against the answers at the end of the book. Then, without looking at the book, write the questions to the answers you have written.

L'Italia e gli italiani
I treni

Il treno **regionale** fa un servizio locale; l'**interregionale**, il **diretto** e l'**espresso** collegano le varie regioni ma quest'ultimo (*the latter*) ferma soltanto nelle stazioni più importanti. L'**EuroCity**, l'**InterCity**, l'**EuroStar** ed altri treni che richiedono (*require*) la prenotazione sono più cari perché il prezzo del biglietto include un supplemento. I bambini fino a 4 anni viaggiano gratis e dai 4 ai 12 anni pagano la tariffa ridotta (il 50%). Oggi esiste anche un tipo di biglietto detto (*called*) **a fascia chilometrica** che si può comprare in **bar**, **edicole** e **tabaccherie**, da 10, 20, 30, fino a (*up to*) 250 km. Prima di salire sul treno è necessario **convalidare** (*to validate*) il biglietto mediante (*by means of*) un'apposita (*special/for the purpose*) macchina (**l'obliteratore**) che si trova nelle stazioni e che timbra (*stamps*) il biglietto con la data e l'ora.

Il biglietto deve essere usato entro (*within*) 6 ore dalla **convalida**. I biglietti non chilometrici sono validi per due mesi dalla data di emissione. Moltissimi treni che fanno un servizio a lungo percorso hanno un nome: **Pendolino, Riviera Express, Freccia del Sole, Romulus, Michelangelo, Capodimonte,** ecc. Dal loro nome spesso si può capire la linea o la zona in cui fanno servizio.

6 Look at the conventional timetable signs and explanations on the next page and answer: **a** which sign means that you must reserve a seat? **b** what does © mean? (Note: **Si effettua** here means *it runs*.)

Simbologia ed abbreviazioni utilizzate

I - NELLA COLONNA DELLE STAZIONI

▣	Stazione di confine con controllo doganale e di polizia.

II - NELLA COLONNA DEI TRENI

ES★	Treni «Eurostar Italia». Su treni effettuati con materiale ETR450 ed ETR460 non sono ammessi viaggiatori in piedi.
CIS	Treno ETR 470 «Pendolino» della Società Cisalpino.
EC	«EuroCity». Treni di qualità in servizio internazionale diurno.
EN	«EuroNight». Treni di qualità in servizio internazionale notturno.
IC	«InterCity».
ICN	«InterCity Notte».
ICE	«InterCity Express». Treni di qualità delle Ferrovie Tedesche.
e	«Eurostar». Treno che percorre l'Eurotunnel.
TGV	Treni ad alta velocità delle Ferrovie Francesi.
✈	«Aereo». Collegamento con aeroporto.
E	Treno «espresso».
D	Treno «diretto».
iR	Treno «interregionale».
R	Treno «regionale» con divieto di fumare.
M	Treno «metropolitano» con divieto di fumare.
⚓	Servizi lacuali o marittimi.
🚌	Servizio automobilistico sostitutivo con fermata sul piazzale esterno della stazione FS. altre località di fermata alternative al piazzale esterno sono indicate in calce al quadro. I viaggiatori sono ammessi limitatamente alla disponibilità dei posti. I viaggi delle comitive devono essere concordati con la Direzione Trasporto Regionale di competenza.
P	Prenotazione obbligatoria.
R	Prenotazione facoltativa.
®	Prenotazione obbligatoria gratuita in 1ª classe, facoltativa a pagamento in 2ª classe.
♿	Treno con servizio di trasporto invalidi su sedia a rotelle.

✗	Si effettua nei giorni lavorativi (dal lunedì al sabato).
†	Si effettua nei giorni festivi.
Ⓐ	Si effettua nei giorni lavorativi escluso il sabato.
Ⓢ	Si effettua tutti i giorni escluso il sabato.
Ⓕ	Si effettua il sabato e nei giorni festivi.
I	Carrozza letti (che potrebbe avere destinazione diversa da quella del treno).
(	Carrozza cuccette (che potrebbe avere destinazione diversa da quella del treno).
ⒸⒹ	Carrozza cuccette in posizione di notte sul percorso indicato.
B	Carrozze dirette (carrozze con destinazione diversa da quella del treno).
⊕	Carro auto a seguito.
✗	Treno con servizio di ristoro in carrozza ristorante del tipo tradizionale.
🍴	Treno con servizio di ristoro in carrozza bar-ristorante. Sui treni *ES★* viene effettuato anche il servizio di ristoro con offerta del vassoio al posto.
⊗	Treno con servizio di ristoro in carrozza self-service.
🛒	Treno con servizio di ristoro su carrello minibar lungo tutto il treno. Sui treni *ES★* viene effettuato anche il servizio di ristoro con offerta di vassoio al posto.
◻	Treno con servizio di ristoro con offerta minibar effettuata in carrozza adibita alla ristorazione.
♪	Treni con divieto di fumare.
◆	Fermata nei soli periodi e/o giorni indicati.
●	Fermata per soli viaggiatori in partenza.
●	Fermata per soli viaggiatori in arrivo.
▣	Fermata a richiesta.
—	In mezzo alla colonna del treno: non ferma nella stazione corrispondente.
·	In mezzo alla colonna del treno: non transita nella stazione corrispondente.
①	Servizio 1ª classe.
②	Servizio 2ª classe.

✅ Un piccolo test

This is part of an Italian railway timetable. Study it carefully and answer the questions below.

31		IC 518 ₺ R ⊗ 12	R 11310 ♉ 12	R 11870 ♉ 12	R 11312 12	D 2892 12	R 11318 12	R 21234 ♉ 12	R 11872 ♉ 12	D 2052 12
km	Provenienza	Napoli ■	■	■	■	■	■	■	■	■
	Roma Termini	10.04								
	Livorno Centrale	13.08								14.35
0	Pisa Centrale	13.23		13.33					X14.24	14.50
-	Pisa S.Rossore 257			13.38					§ 14.29	
9	Migliarino Pisano			13.43					§ 14.35	
17	Torre del Lago Puccini			13.50					§ 14.42	
22	Viareggio a			13.55					§ 14.48	15.07
	Viareggio 256			13.56					§ 14.49	15.14
27	Camaiore Lido-Capezzano			14.01					§ 14.54	
32	Pietrasanta			14.06					§ 15.00	15.21
36	Forte dei Marmi-Querceta			14.10					§ 15.05	15.26
43	Massa Centro	13.48		14.17					§ 15.11	15.32
50	Carrara-Avenza			14.24					§ 15.17	15.39
54	Luni			14.29						
60	Sarzana a			14.34					§ 15.26	15.46
	Sarzana 250									
	Milano Centrale a									
60	Sarzana		14.35						§ 15.32	15.47
65	Arcola								§ 15.40	
68	Vezzano Ligure 250		14.42							
71	Ca' di Boschetti		14.46							
72	La Spezia Migliarina		14.50						§ 15.46	
76	La Spezia Centrale a	14.09	14.55						X15.50	16.00
	La Spezia Centrale 250	14.11								16.02
83	Riomaggiore				15.00			§ 15.18		16.10
84	Manarola	C			15.08			§ 15.26		
86	Corniglia	A			15.11			§ 15.28		
88	Vernazza	P			15.15			§ 15.31		
92	Monterosso	O			15.20			§ 15.36		
97	Levanto	D			15.24			§ 15.41		16.18
100	Bonassola	I			15.29			§ 15.47		16.24
102	Framura	M			15.33					
106	Deiva Marina	O			15.37					
110	Moneglia	N			15.41					16.33
116	Riva Trigoso	T			15.46					
120	Sestri Levante a	E			15.51					16.40
	Sestri Levante				15.55	X 16.08	16.23			16.42
123	Cavi		15.22			§	16.28			
125	Lavagna		15.27			§	16.31			
127	Chiavari		15.30			§ 16.17	16.35			16.53
132	Zoagli		14.43	15.34		§	16.40			
			15.39			§				
136	Rapallo	14.52	15.44			§ 16.25	16.45			17.01

1 Lei è a Roma e desidera essere a Rapallo prima delle tre del pomeriggio: che treno prende?

2 Su questo treno c'è la carrozza ristorante?

3 Ferma a La Spezia?

4 È un treno che va direttamente a Rapallo o bisogna cambiare?

5 La prenotazione è obbligatoria?

6 Che altro è possibile capire da questo orario? (4 cose)

8 CHE COSA VUOI FARE OGGI?

What do you want to do today?

In this unit you will learn how to:

■ say what you want to do
■ understand and ask for advice
■ make comparisons

Prima di cominciare

As you know, irregular verbs need to be learnt by heart: try to recite them whenever you can. For this unit you will particularly need to revise **andare, potere** and **dovere**.

Always read aloud everything that you meet which is written in Italian.

Attività

Your friend is coming from Milan by the 7.55 train. You go to the station to collect her but you arrive a little late and there is no sign of the train: you ask the **ufficio informazioni** if the train is late. The answer is: *yes, it is running twenty minutes late.* You then ask on which platform it will arrive: *it will arrive on platform 7.* Build the dialogue:

You	Il _____ da _____ delle _____ è _____
	_____ ?
Impiegato	Sì _____ con _____ _____ _____
	_____ .
You	A _____ _____ arriva?
Impiegato	_____ al _____ _____ .

🔑 Parole e frasi chiave

Da dire e da capire

voglio stare a casa	I want to stay at home
guardare la televisione	to watch television
vedere la partita	to see the match
andare a teatro	to go to the theatre
a fare una passeggiata	for a walk
a fare la spesa	shopping
al cinema	to the cinema
al mare	to the seaside
in ufficio	to the office
in campagna	to the country
in montagna	to the mountains
in città	to town
ne voglio tre	I want three (of them)
ne voglio alcuni	I want some (of them)
preferisco uscire	I prefer to go out
quale mi consiglia?	which one do you recommend?
che cosa mi consiglia?	what do you recommend?
adesso	now
poi	then/after that
compleanno	birthday
comprare un regalo	to buy a present
pensare	to think
non lo ha ancora	he/she doesn't have it yet
mentre	while
per vedere	to see
due posti	two seats
li prendo?	shall I take them?
vita	life
piano	floor/storey
pensa che	(just) think
palazzo	building
l'ascensore non funziona mai	the lift never works

ne abbiamo molte	*we have many (of them)*
secondo me	*in my opinion*
abbastanza interessante	*quite interesting*
quest'altra	*this (other) one*
spiega in dettaglio	*it explains in detail*
costa di più	*it costs more*
le opere d'arte più interessanti	*the most interesting works of art*
prezzo	*price*

Numeri ordinali *Ordinal numbers*

1st	**primo**	5th	**quinto**	9th	**nono**
2nd	**secondo**	6th	**sesto**	10th	**dęcimo**
3rd	**terzo**	7th	**sęttimo**	11th	**undicęsimo**
4th	**quarto**	8th	**ottavo**	12th	**dodicęsimo**

From 11th onwards, ordinal numbers are formed by dropping the final vowel of cardinal numbers and adding **-esimo** at the end (except in the case of **-tre: ventitreesimo, trentatreesimo**, etc. which retain the vowel). As the ordinal numbers are adjectives, their endings need to agree with the noun they qualify:

| **la prima volta** | *the first time* |
| **al terzo piano** | *on the third floor* |

With dates they are used only with the first day of the month; for other dates the simple cardinal number is used:

| **il primo luglio** | *the first of July* |
| **il due agosto** | *the second of August* |

Dialoghi

Dialogo 1

Since Sergio and Francesca are married they use the **tu** form when speaking to each other. Today is Saturday and they are planning what to do.

Sergio   Che cosa vuoi fare oggi?

Francesca   Adesso devo andare al supermercato, poi voglio andare in librerịa a comprare un regalo per il compleanno di Chiara.

Sergio	Che cosa pensi di comprare?
Francesca	Ma, non so, forse l'ultimo libro di Umberto Eco: so che non lo ha ancora.
Sergio	Puoi comprare alcune penne biro per me? Le vorrei rosse.
Francesca	Va bene, mentre sono in centro voglio andare al teatro Margherita a vedere se ci sono due posti per questa sera: c'è 'Aida'. Se ci sono li prendo?
Sergio	Va bene, se hanno i biglietti andiamo all'opera ma se non li hanno possiamo andare al cinema: c'è un film sulla vita di Mozart che voglio vedere.
Francesca	Tu dove vai?
Sergio	Io devo andare da Paolo per un consiglio riguardo al lavoro. Pensa che abita al sesto piano in un palazzo dove l'ascensore non funziona mai!

 ## Dialogo 2

While Francesca is in the bookshop, she decides to buy a guidebook on the most artistic Italian cities. Does she buy the smaller or larger book?

IL GIRAMONDO

LA LIBRERIA
PER CHI VIAGGIA

Via Carena, 3 (Pz. Statuto)
TORINO - Tel. 472.815

**CARTE E GUIDE
DI TUTTO IL MONDO**

Francesca	Ha una guida illustrata delle città italiane?
Libraio	Ne abbiamo molte, signora.
Francesca	Ne vorrei una non troppo cara ma interessante. Lei che cosa mi consiglia?

Libraio	Secondo me queste due sono le migliori: questa costa di meno perché ha fotografie in bianco e nero ma è abbastanza interessante; quest'altra ha molte illustrazioni a colori e spiega in dettaglio le opere d'arte più interessanti; costa di più ma è più completa.
Francesca	Qual è la differenza di prezzo?
Libraio	Dunque, la piccola costa venticinquemila lire, quella più grande costa quarantadue mila: diciassettemila lire di differenza.
Francesca	Quella grande mi piace di più: la prendo.

🔊 Spiegazioni

1 Him, her, it and them

lo, la, li, le: these words translate *him, her, it* and *them:*

Vedo Mario	**lo vedo**	*I see Mario*	*I see him*
Mangio la frutta	**la mangio**	*I eat fruit*	*I eat it*
Leggo i libri	**li leggo**	*I read the books*	*I read them*
Compro le penne	**le compro**	*I buy the pens*	*I buy them*

2 Talking about the future

Li prendo? *shall I take them?* In spoken Italian, when referring to the future, the present tense is widely used:

Domani vado al cinema.	*Tomorrow I am going/will go to the cinema.*
L'estate prossima vado in vacanza alle Bahamas.	*Next summer I am going on holiday to the Bahamas.*

3 Of them/of it

Ne abbiamo molte *We have many of them.* **Ne** stands for *of them/of it.* It is used with expressions of quantity or with numerals. In English the corresponding words are often omitted.

Quanto prosciutto vuole?	*How much ham do you want?*
Ne voglio due etti.	*I want two hundred grams (of it).*
Ha bambini?	*Do you have any children?*
Sì, ne ho due.	*Yes I have two (of them).*

4 Comparisons

In English there are two ways to say *more* and *most*: with short words -*er* or -*est* are added (*rich, richer, richest*) and with longer words *more* or *most* are used (*intelligent, more intelligent, the most intelligent*). Italian always uses **più** for *more* and **più** preceded by the definite article (**il, la,** etc.) for *most*.

Questa borsa è grande.	*This bag is large.*
Questa borsa è più grande.	*This bag is larger.*
Questa borsa è la più grande.	*This bag is the largest.*

Meno, besides *minus*, means *less* and is used in the same way as **più.**

Questa casa è grande.	*This house is large.*
Questa casa è meno grande.	*This house is less large.*
Questa casa è la meno grande.	*This house is the least large.*

✖ At the end of a phrase **di più** or **(di) meno** are used:

Lui lavora di più.	*He works more.*
Voglio spendere di meno.	*I want to spend less.*

Note: with **meno,** *di* can be omitted.

✖ **Di** (or **di** + article) are used to translate *than:*

Roberto è più giovane di Carlo.	*Roberto is younger than Carlo.*
Il pane costa meno della carne.	*Bread costs less than meat.*

5 Irregular adjectives and adverbs

Note the following irregular adjectives and adverbs (adverbs are words which describe a verb).

buono	*good*	**migliore**	*better*	**il migliore**	*the best*
bene	*well*	**meglio**	*better*	**il meglio**	*the best*
cattivo	*bad*	**peggiore**	*worse*	**il peggiore**	*the worst*
male	*badly*	**peggio**	*worse*	**il peggio**	*the worst*

Remember the agreement of the two adjectives in the box: **buono -a, -i, -e** and **cattivo, -a, -i, -e**.

La bistecca è buona ma il pesce è migliore.

The steak is good but the fish is better.

Jane parla bene ma Claire parla meglio.

Jane speaks well but Claire speaks better.

Pierino è cattivo ma suo fratello è peggiore.

Pierino is bad but his brother is worse.

6 Irregular verbs

volere *to want*	**stare** *to stay/to remain*
voglio	**sto**
vuoi	**stai**
vuole	**sta**
vogliamo	**stiamo**
volete	**state**
vogliono	**stanno**

✓ Pratica

1 A group of Italian teenagers meet in a cafe and discuss how to spend the afternoon.

   a Sara wants to go for a walk.
   b Bruno prefers to go to the cinema.
   c Giovanni wants to go to the seaside.
   d Franco prefers to stay in town.

   e Barbara, who does not like any of the proposed activities, says she
wants to go home!

Make up a dialogue:

   a **Sara**   Io _____ .

   b **Bruno**   Io _____ .

   c **Giovanni** Io _____ .

   d **Franco**   Io _____ .

   e **Barbara** Io _____ .

2 Using the information in **Pratica 1** above, say and write what the five
teenagers want to do.

   a **Sara vuole andare a fare una passeggiata.**

   b _____ .

   c _____ .

   d _____ .

   e _____ .

3 Choose a verb from the first column, add a word from the second
column and then one from the third to make a meaningful sentence.
You should be able to create at least eight.

a	voglio	vedere		domani
b	posso	guardare		a casa
c	preferisco	+	andare	+	Maria
d	devo	uscire		a Roma
		stare		la televisione

4 Answer the following questions using **ne**:

   a Quanti panini vuole? *(three)*

   Ne voglio tre.

   b Quante automobili ha? *(one)*

   _____

   c Quanti ne prende? *(eight)*

   _____

   d Quanto formaggio vuole? *(100 grams)*

   _____

  e   Quanti anni ha? *(twenty-eight)*

_____

  f   Quante valigie ha? *(two)*

_____

5   Using the words in the box complete the following sentences (**sta male** = *is not well*):

  a   **Questo vino è buono ma quello è** _____ .

  b   **Marta sta male ma io sto** _____ .

  c   **Questo programma è cattivo ma l'altro è** _____ .

  d   **Il film mi piace ma il libro mi piace** _____ .

  e   **Questa guida è più piccola: costa** _____ .

(di) meno		**peggiore**
	di più	
migliore		**peggio**

6   This receipt records the purchase of four books. Using the Italian words for expensive, more expensive and less expensive fill in the spaces.

Il libro che costa L25.000 è _____ **ma quello da L48.000 è** _____ _____ . **I due libri da L24.000 e L18.000 sono i** _____ _____ .

```
* LIBRERIA DRUETTO *
PIAZZA C.L.N. 223 TO
P . IVA 00484520010
D03        48 000 R
D03        24 000 R
D03        25 000 R
D02        18 500 R

          115 500 TL

 37    16–05–00

//=BA       6226353
```

Read the following passage as many times as you need to get the gist of it and read it aloud several times before recording it to practise your pronunciation.

L'Italia e gli italiani
La passeggiata

Agli italiani non piace stare a casa: preferiscono uscire il più possibile. Uomini e donne, dopo il lavoro in ufficio o a casa, vanno a fare una passeggiata in centro dove incontrano gli amici. Mentre passeggiano sul corso, parlano dei loro problemi, di sport, di politica e di argomenti di attualità; durante la buona stagione siedono ai tavoli dei bar all'aperto e prendono l'aperitivo.

Moltissimi italiani che abitano in città, durante il fine settimana vanno in montagna o al mare. La domenica quelli che restano in città, vanno a vedere la partita di calcio oppure vanno a... passeggio. Alcuni che restano a casa guardano la televisione ma spesso non lo vogliono ammettere.

incontrare	*to meet*
corso	*main street/avenue/promenade*
argomenti di attualità	*current affairs*
sedere	*to sit*
all'aperto	*in the open*
partita di calcio	*football match*
restare	*to remain*
non lo vogliono ammettere	*they don't want to admit it*

☑ Un piccolo test

You are buying some wine and you comment to the shop assistant as follows:

1 Which is the best?
2 Which one do you recommend?
3 I don't want a sweet wine.
4 I want to spend less.
5 I prefer this one.
6 I want three litres (*of it*).

9 QUANDO SI ALZA?
When do you get up?

In this unit you will learn how to:
■ talk about the things you do every day
■ say something happens often, never, rarely or sometimes

Prima di cominciare

With the help of a dictionary make your own sentences, invent new questions and answer them. Write amusing plays based on the dialogues you have memorised and then record them. Write captions in Italian on a photograph album. You will find the experience enjoyable and you will learn a great deal in many unexpected ways.

Attività

Read again **L'Italia e gli italiani** in Unit 8 and answer the following questions in Italian.

1 Agli italiani piace stare a casa?
2 Che cosa preferiscono fare?
3 Dopo il lavoro dove vanno?
4 Di che cosa parlano?
5 Che cosa prendono al bar?
6 Moltissimi italiani dove vanno durante il fine settimana?

🔑 Parole e frasi chiave

Da dire e da capire

mi sveglio presto	I wake up early
mi alzo alle sette	I get up at seven
mi lavo tutti i giorni	I wash every day
sempre	always
vado sempre in campagna	I always go to the country
mai	never/ever
non vado mai al cinema	I never go to the cinema
spesso	often
vado spesso al teatro	I often go to the theatre
qualche volta	sometimes
qualche volta esco	I sometimes go out
altre volte sto a casa	at other times I stay at home
qualche cosa/qualcosa	something
c'è qualcosa di interessante	there is something interesting
c'è qualcuno	there is someone
c'è nessuno?	is anybody there?
non c'è nessuno	there is nobody
non viene nessuno	nobody comes
non conosco nessuno	I don't know anybody
non c'è niente d'interessante	there is nothing interesting
non c'è mai niente d'interessante	there is never anything interesting
non fumo più	I don't smoke any longer
anche	even
intera	whole
come lo passate?	how do you spend it?
tutti e tre	the three of us
se mia sorella ci viene a trovare	if my sister comes to see us
oppure	or
al massimo	at the most
facciamo una passeggiata	we take a stroll
voi fumate ancora?	do you still smoke?
abbastanza presto	fairly early
cucina	kitchen
ne porto una tazza a...	I take a cup (of it) to...
certo	sure, of course
adesso è abbastanza grande	now she is big enough
prepariamo la colazione	we get breakfast ready
facciamo colazione tutti insieme	we have breakfast all together
verso le otto	at about eight
genitore (m)	parent
godere di	to enjoy

A quest'ora (*at this hour*) **nella trattoria non c'è nessuno.**

Dialoghi

Dialogo 1

Michela has just arrived to spend a few days at Sergio's and Francesca's and she enquires how they pass their time.

Michela	La sera uscite spesso o state a casa?
Francesca	Qualche volta usciamo per due o tre sere consecutive, altre volte stiamo a casa anche una settimana intera. Questo la sera, perché di giorno naturalmente usciamo.
Michela	E il fine settimana, come lo passate?
Sergio	Dipende. Se mia sorella ci viene a trovare, oppure vengono i genitori di Francesca, stiamo a casa o, al massimo, facciamo una passeggiata. Se non viene nessuno andiamo quasi sempre tutti e tre in campagna. Qualche volta vengono anche i miei amici o le amiche di Francesca.
Michela	Guardate mai la televisione?
Francesca	Generalmente no. Soltanto qualche volta, se c'è qualcosa di estremamente interessante.

| Michela | *(lighting a cigarette)* Voi fumate ancora? |
| Sergio | No, non fumiamo più. |

Dialogo 2

Michela asks how they start their day.

Michela	La mattina a che ora vi svegliate?
Sergio	Ci svegliamo abbastanza presto: io mi sveglio alle sei e mezzo, mi alzo, vado in cucina a fare il caffè e ne porto una tazza a Francesca. Poi mi lavo, mi faccio la barba e mi vesto.
Michela	E tu Francesca, a che ora ti alzi?
Francesca	Io mi alzo alle sette meno un quarto; mi lavo, mi vesto, mi pettino e poi sveglio Valentina.
Michela	Valentina si veste da sola?
Sergio	Certo: adesso è abbastanza grande. Noi due prepariamo la colazione, e Valentina si veste; poi facciamo colazione tutti insieme. Poi, verso le otto, usciamo.

Spiegazioni

1 Reflexive verbs

Io lavo la camicia *I wash the shirt*: in this phrase **io** is the subject, **lavo** the verb, and **la camicia** is the object; the action expressed by the verb is carried out by the subject on the object.

However, in some cases verbs can express an action which 'reflects' back to the subject: in **io mi lavo** *I wash myself*, the action of washing refers back to the subject (*myself*); in this case the verb *to wash oneself* is called a reflexive verb.

Myself, himself, herself, etc. are called reflexive pronouns and in most cases, unlike in English, are placed before the verb. *To wash oneself* is formed by replacing the final **-e** of the verb **lavare** (*to wash*) with **-si** thus: **lavarsi** (*to wash oneself*).

lavarsi to wash oneself		
(io)	**mi** lavo	I wash myself
(tu)	**ti** lavi	you wash yourself
(lui, lei, Lei)	**si** lava	he, she washes him/herself, you wash yourself
(noi)	**ci** laviamo	we wash ourselves
(voi)	**vi** lavate	you wash yourselves
(loro, Loro)	**si** lavano	they wash themselves

✳ When a reflexive verb is in the infinitive form, its final **-si** is removed and the pronoun is attached to it:

voglio lavarmi	I want to wash myself
devo alzarmi	I must get (myself) up

Some verbs are reflexive both in English and in Italian:

divertirsi	to amuse/enjoy oneself
farsi male	to hurt oneself
radersi/farsi la barba	to shave onself

Here is a short list of common Italian reflexive verbs:

svegliarsi	to wake up	**accorgersi**	to realise
alzarsi	to get up	**addormentarsi**	to fall asleep
vestirsi	to get dressed	**scusarsi**	to apologise (for)
pettinarsi	to comb (one's hair)	**sbagliarsi**	to be mistaken
svestirsi	to get undressed	**sedersi**	to sit down

✳ Si also translates *one* in phrases like:

Si vede la differenza.   *One sees the difference.*
Si prende l'autobus.   *One takes the bus.*

2 Mi, ti, ci, vi

Besides translating *myself*, etc., these words can also mean *me, you* and *us* as in the following examples:

mi vedi?	do you see me?
ti telefono domani	I will ring you tomorrow
ci scrive spesso	s/he often writes to us
vi faccio vedere la strada	I'll show you (plural) the road

3 Irregular verbs

uscire *to go out*	**venire** *to come*
esco	vengo
esci	vieni
esce	viene
usciamo	veniamo
uscite	venite
escono	vengono

4 Double negative

In English, with negative words like *never, nothing*, and *nobody/no one*, **not** is omitted. However, in Italian it is retained and the double negative is used:

non compro niente	*I don't buy anything* (lit. I don't buy nothing)
non parla mai	*he/she never speaks*
non vede nessuno	*he/she doesn't see anybody*

5 Presto/In anticipo

Note the difference between these two expressions:

mi alzo presto	*I get up early*
il treno arriva in anticipo	*the train arrives early*

Presto can mean *early, soon* and *quickly*. **In anticipo** is used when referring to something which happens before a specific (scheduled) time.

6 Tutti e ...

Tutti e tre *the three of us (of them)*; **tutti e quattro** *the four of us (of them)*, etc.

7 Plurals

In order to keep the sound of the **c** and the **g** hard, most nouns ending in
-co, **-ca**, **-go** and **-ga** form their plurals with **-chi**, **-che**, **-ghi** and **-ghe**,
respectively:

il pacco	*parcel*	**i pacchi**
la banca	*bank*	**le banche**
il fungo	*mushroom*	**i funghi**
il diąlogo	*dialogue*	**i diąloghi**

However, a few masculine nouns are exceptions to this rule and form their
plurals with **-ci**:

l'amico	*friend*	**gli amici**
il mędico	*physician*	**i mędici**

✓ Pratica

1 Sergio and Francesca are paying you a visit. They propose that you
   should address each other with the **tu** form: **diamoci del tu!** and you
   accept: **d'accordo**. You then ask Francesca about herself:

You	*(What time do you wake up in the morning?)*
Francesca	**Io mi sveglio verso le sei e mezzo.**
You	*(And at what time do you get up?)*
Francesca	**Mi alzo verso le sette meno un quarto.**
You	*(What time do you go out?)*
Francesca	**Esco alle otto.**
You	*(Do you go out by yourself?)*
Francesca	**No, esco con Sergio e Valentina.**
You	*(Do you have breakfast together?)*
Francesca	**Sì, insieme.**

2 Now you turn to Sergio:

You	*(Who prepares breakfast?)*
Sergio	**La prepariamo insieme.**
You	*(Valentina has breakfast with you?)*

Sergio	**Sì.**
You	*(Valentina goes out with you: isn't it too early for her?)*
Sergio	**No, perché in Italia la scuola inizia alle otto e mezzo.**

3 Read aloud **Dialoghi 1** and **2** on pages 77–8 and then tick the correct column.

		Vero	**Falso**
a	La sera Sergio e Francesca escono sempre.	☐	☐
b	Spesso vanno in campagna per il fine settimana.	☐	☐
c	Preferiscono stare sempre a casa.	☐	☐
d	Sergio si alza prima di Francesca.	☐	☐
e	Francesca fa il caffè.	☐	☐
f	Valentina si lava prima di tutti.	☐	☐
g	Valentina sveglia i genitori.	☐	☐

4 Fill in the gaps.

a Sergio si _____ .   **b** Si _____ .

c Si fa la _____ .   **d** Si _____ .

e Fa _____ con Francesca e con Valentina.

f Poi _____ tutti insieme.

5 Fill the spaces using the words in the box.

a Vado _____ in ufficio, eccetto il sabato e la domęnica.

b Non vado _____ al cinema.

c Vado _____ a teatro.

d _____ volta vado in campagna, _____ volte sto a casa.

e C'è _____ ?

f Non c'è _____ .

g Spesso alla televisione non c'è _____ d'interessante.

h Quando vado a teatro c'è sempre _____ che ha la tosse (*cough*).

qualcuno	niente	spesso
sempre	nessuno	nessuno
qualche	altre	mai

6 **a** You are in a mountain village and you enter a shop, but the shop assistant seems to be missing. What do you say?

b Later you are asked if you know anybody in the village: say you don't.

c You then meet a local carrying a basket full of lovely mushrooms. Ask if she often goes mushrooming (**andare per funghi**)

d Ask her if she ever goes to town.

You shouldn't find it too difficult to understand this passage. As a last resort only, go back to Unit 3 where you have the same passage in English.

L'Italia e gli italiani
Le regioni

L'Italia è più o meno grande quanto la Gran Bretagna ed ha circa 58.000.000 di abitanti. È formata da venti regioni che godono di un certo grado di autonomia dal governo centrale. Prima dell'unificazione dell'Italia (1861) ogni regione era (*was*) o uno stato indipendente o parte di qualche altro stato europeo e per questa ragione ogni regione aveva (*had*), e ancora ha, dialetti che possono differire grandemente l'uno dall'altro e dalla lingua standard.

Questi dialetti si riflettono nella pronuncia della lingua ufficiale. Anche le tradizioni, i costumi e la cucina differiscono grandemente da regione a regione. L'avvento della televisione negli anni Cinquanta e la migrazione interna hanno promosso un processo di standardizzazione che è ancora in atto. Il fatto che tutte le città italiane più importanti sono state (*were*) le capitali della loro regione spiega la loro enorme ricchezza artistica.

✓ Un piccolo test

Little Marco is a naughty boy: there are things that he never does, others he does all the time. Make sentences from each pair of words in this way:
Si alza **sempre** tardi e **non** si lava **mai**.

sempre	mai
alzarsi tardi	lavarsi
vestirsi male	pettinarsi
parlare	ascoltare *to listen*
guardare la televisione	lavorare
divertirsi	studiare
sapere tutto	ubbidire *to obey*

10 HA PRENOTATO?
Did you book?

In this unit you will learn how to:

■ talk about things that happened at a definite point in the past

Prima di cominciare

While in Italy you will almost certainly need to say that you have or have not done something, e.g. that you have booked or forgotten to book a room or a table. Of course one could get by using all the verbs in the infinitive and say *Ieri io prenotare un tavolo. Ieri* here would be the clue that you are talking about the past.

✓ Attività

Read **L'Italia e gli italiani** in Unit 9 again and answer the following questions in Italian. (You will find that if you read the questions aloud some of the new words that you meet will sound very much like their English translations.)

1 Quanti abitanti ci sono in Italia?
2 Quante regioni ci sono?
3 In che anno è stata unificata l'Italia?
4 I dialetti esistono ancora?
5 Le tradizioni sono simili in tutte le regioni?
6 Perché moltissime città italiane sono artisticamente ricche?

🔑 Parole e frasi chiave

Da dire e da capire

ha prenotato?	*have you booked?*
ho prenotato/riservato due posti	*I have booked/reserved two seats*
un tavolo	*a table*
una camera	*a room*
ho confermato la prenotazione	*I have confirmed the booking*
ho perso il treno	*I have missed the train*
ho perso il biglietto	*I have lost the ticket*
ho finito il denaro/i soldi	*I have finished the money*
non ho cambiato la valuta	*I have not changed the currency*
ho dimenticato il passaporto	*I have forgotten the passport*
ho mangiato abbastanza	*I have eaten sufficiently*
ho pagato il conto	*I have paid the bill*
ho viaggiato molto	*I have travelled a lot*
ho telefonato alla polizia	*I have phoned the police*
sono partito (-a) presto	*I left early*
sono arrivato (-a) tardi	*I arrived late*
sono uscito (-a) subito	*I went out at once*
sono entrato (-a) nel negozio	*I entered the shop*
sono ritornato (-a) a casa	*I returned home*
sono salito (-a) sull'autobus	*I got on the bus*
sono sceso (-a) dall'autobus	*I got out of the bus*
come al solito	*as usual*
così	*so*
con calma	*calmly/in peace*
a proposito	*by the way*
senti!	*listen! (a word very much used by Italians)*
la settimana scorsa	*next week*
varie cose	*various things*
fare un prelevamento (= prelevare)	*to withdraw (money)*
ci vediamo...	*we will meet.../see you soon*
ritirare	*to collect, pick up*
per salutarti	*to say hello to you*
è ritornata da ...	*she has returned from ...*
ha detto	*he/she said*
ha visto	*he/she saw*
per te	*for you*
hai mangiato	*you have eaten*
già	*already*
Egitto	*Egypt*
l'aereo	*aeroplane*
dormire	*to sleep*
vaso	*vase*
guasto (-a)	*out of order, not working*

🎧 Dialoghi

📻 Dialogo 1

Sergio and Francesca are organising themselves for their trip to Paris the next day.

Sergio   Ho prenotato un tavolo da *Manuelina* per questa sera, così non abbiamo il problema di cucinare e possiamo preparare le valige con calma. A proposito, hai confermato la prenotazione all'albergo di Parigi?

Francesca Sì, ho confermato la settimana scorsa. Senti, ieri ho comprato varie cose e ho finito i soldi: puoi andare in banca a fare un prelevamento?

Sergio   Certamente. Hai ritirato gli assegni turistici?

Francesca Sì, ieri. Allora ci vediamo stasera. Buon lavoro!

Sergio   Buon lavoro anche a te. Ciao.

📻 Dialogo 2

The three of them have now arrived at Manuelina's.

Cameriere Ah, i signori Ferrari! Buonasera. Hanno prenotato?

Sergio   Sì, un tavolo per tre.

Cameriere (*checking the booking*) Hanno un tavolo riservato in veranda, come al solito. Va bene?

Sergio   Benissimo, grazie.

Cameriere S'accomodino.

In veranda ci sono molti posti.

Dialogo 3

They order their meal and then Sergio tells Francesca that her friend Manuela, who has just arrived back from her holiday, was on the phone earlier.

Sergio	Oggi ha telefonato Manuela per salutarti: è ritornata dall'Egitto; ha detto che ritelefona più tardi.
Francesca	Quando è arrivata?
Sergio	Ieri sera. Ha detto che l'aereo è partito con due ore di ritardo così è arrivata a Genova tardissimo ed è andata subito a dormire.
Francesca	Sai se è stata al museo del Cairo? (*to Valentina*) Valentina, mangia più lentamente!
Sergio	No, non ha parlato del museo. Ha detto che ha visto dei bellissimi vasi e ne ha comprato uno per te.
Valentina	Mamma, posso prendere un altro gelato?
Francesca	No, Valentina, hai già mangiato troppo.

Spiegazioni

1 Past participle and perfect tense

To talk about the past in simple everyday situations, e.g. **ho prenotato una camera**, Italians use the present tense of **avere** followed by what is known as the past participle. This forms the perfect tense. The past participle is formed by replacing the verb endings **-are**, **-ere** and **-ire** with **-ato**, **-uto** and **-ito** respectively.

Infinitive	Past participle
cenare *to dine* **avere** *to have* **spedire** *to send*	**cenato** **avuto** **spedito**

Ieri ho cenato a casa.	*I dined at home yesterday.*
Maria ha avuto l'influenza.	*Maria has had the flu.*
Ho appena spedito il pacco.	*I've just sent the parcel.*

✳ This form is used to express both something one *has done* and something one *did*.

✳ Some past participles have a form of their own (an irregular form). The most common are:

aprire	*to open*	**aperto**
chiụdere	*to close/shut*	**chiuso**
dare	*to give*	**dato**
ẹssere	*to be*	**stato**
dire	*to tell*	**detto**
fare	*to do/to make*	**fatto**
lẹggere	*to read*	**letto**
pẹrdere	*to lose/miss*	**perso**
prẹndere	*to take*	**preso**
scẹndere	*to go up/come down*	**sceso**
stare	*to stay*	**stato**

2 Verbs taking *essere*

Some verbs of state, e.g. **essere** *to be*, or motion, e.g. **andare** *to go*, and all reflexive verbs take **essere** rather than **avere**:

sono andato	*I went*
sono partito	*I left*
mi sono lavato	*I washed myself*

These verbs must agree in number and gender with the subject.

Roberto è arrivato.	*Roberto arrived.*
Manuela è partita.	*Manuela left.*
Vittorio e Paolo sono venuti.	*Vittorio and Paolo came.*
Chiara e Anna sono partite.	*Chiara e Anna left.*

3 More prepositions

Ai, dai, sui, etc. In Unit 3 you saw how the prepositions **a**, **di**, **da**, **in**, and **su** combine with **il**, **lo**, and **la**; the same prepositions combine with **i**, **gli**, and **le** in a similar way:

a		= ai		= agli		= alle
di		= dei		= degli		= delle
da	+ i	= dai	+ gli	= dagli	+ le	= dalle
in		= nei		= negli		= nelle
su		= sui		= sugli		= sulle

dalle loro case	*from their homes*
sugli ạutobus	*on the buses*
sui treni	*on the trains*
nelle banche	*in the banks*

✳ **Del, dello, della, dei, degli, delle** are also used to express *some*:

Vorrei delle frạgole.	*I'd like some strawberries.*
Ha dello zụcchero?	*Have you got some sugar?*

4 Adverbs

Mangia più lentamente! Words which qualify (illustrate) the verb (**cammino lentamente** *I walk slowly*) are called adverbs. In English they are normally formed by adding *-ly* to the adjective: *slow* → *slowly*; in Italian **-mente** is added to the feminine form, e.g. **onesto (m)**, **onesta (f)**.

onesto *honest*	**onestamente** *honestly*
rạpido *quick*	**rapidamente** *quickly/rapidly*

Adjectives ending in **-le** and **-re** drop the final **-e** before adding **-mente**:

fạcile *easy*	**facilmente** *easily*
diffịcile *difficult*	**difficilmente** *with difficulty*

✓ Pratica

1 While in Italy, you write a diary about your stay. First you jot down in Italian a list of your movements:

  a you got up early,
  b had breakfast at 7.30,
  c read an Italian newspaper,
  d called a taxi (**un tassì**),
  e went to the museum,
  f left the museum,
  g went to the bank,
  h returned to the hotel.

2 There has been a burglary in the apartment next to where Sergio and Francesca live. The police ask questions of all the residents. Change the verbs in the box below into the past tense and use them to complete the following. You will need to use some verbs more than once.

Poliziotto	La mattina a che ora vi siete svegliati?
Sergio	Ci siamo _____ abbastanza preso: io mi _____ _____ alle sei e _____ _____ in cucina a fare il caffè, e ne _____ _____ una tazza a Francesca. Poi mi _____ _____, mi sono fatto la barba e mi _____ _____ .
Poliziotto	E Lei, signora, a che ora si è alzata?
Francesca	Io mi _____ _____ alle sette meno un quarto; mi _____ _____ , mi _____ _____ e poi _____ _____ Valentina. Dopo colazione siamo usciti.
Poliziotto	Hanno sentito dei rumori insọliti?
Francesca	No, assolutamente niente.
Sergio	Devo dire di no, tutto normalissimo.

svegliarsi	fare	andare	vestirsi
alzarsi	portare	lavarsi	svegliare

3 You are camping at Viareggio. There is a couple next to your tent. The lady having realised that you are not Italian, comes to welcome you. Take part in the conversation that follows.

Signora   **Buongiorno? Loro non sono italiani.**

You   (*Tell her no, you are English.*)

Signora   **Quando sono arrivati?**

You   (*Say we arrived this morning.*)

Signora   **Ma Lei parla italiano perfettamente! Viene qui ogni anno?**

You   (*Say no, this is the first time* [**volta**].)

Signora   **Noi veniamo qui ogni anno perché questa è una zona molto tranquilla.**

You   (*Ask her where is she from.*)

Signora   **Io sono di Milano ma mio marito è toscano, per questa ragione veniamo qui in Toscana.**

You   (*Tell her you have been in Florence for a week.*)

Signora   **Firenze! È certamente molto bella ma in questa stagione fa troppo caldo in città!**

You   (*Say yes, it is too hot there so you have decided* [**deciso di**] *to come here.*)

Signora   **Sa che Lei è veramente molto simpatica** (*really very nice*)**? Perché questa sera non vengono a cenare** (*to dine*) **con noi? Io mi chiamo Liliana...**

4 Fill the gaps with the right adverb forming it from the words in the box.

a Mi piace la birra _____ quella inglese.

b Bisogna mangiare _____ .

c _____ bisogna prenotare.

d Vorrei partire _____ domani.

e Questo treno va _____ a Roma.

f Questo ombrello è _____ caro.

g Per farsi capire bisogna parlare _____ .

normale
possibile
chiaro
terribile
diretto
speciale
lento

L'Italia e gli italiani
L'abitazione

La maggior parte degli italiani che abitano in città vive in appartamenti in palazzi a molti piani. Gli edifici moderni hanno naturalmente un ascensore ma molti edifici vecchi non lo hanno, quindi ogni giorno, spesso più volte al giorno, i residenti devono salire e scendere molte scale. Forse però, questo è un bene perchè per molte persone che vivono in città questo è il solo esercizio fisico che fanno! Circa il venti per cento degli italiani possiede una seconda casa al mare, in montagna o in campagna e quando possono vanno a passare il fine settimana là. Recentemente però il governo ha aumentato la tassa sulla seconda casa e naturalmente molti proprietari sono scontenti.

vivere	to live
palazzo	building; palace
quindi	therefore
più volte	several times
scale	stairs
un bene	a good thing
possedere	to own
però	though
aumentare	to increase
tassa	tax
scontenti	unhappy

✓ Un piccolo test

Read the passage above and answer these questions.

1 Dove vive la maggior parte degli italiani?
2 C'è l'ascensore in tutti i palazzi?
3 Quali sono gli edifici che non hanno l'ascensore?
4 Molte persone che vivono in città fanno molto esercizio fisico?
5 Che cosa ha fatto recentemente il governo?
6 I proprietari delle seconde case sono contenti?

11 | LA SPESA
Shopping

In this unit you will:

■ practise shopping for food and clothes
■ learn about Italian clothes sizes and measurements
■ practise asking for a discount

Revisione

■ numbers – Units 3, 4, 5
■ how to ask for something, how to state quantities, how to ask the price
– Unit 5
■ how to describe something – Unit 4

In **rosticceria** si compra **cibo pronto da asporto** *ready-cooked food to take away*

Read this passage: try to memorise any new word you meet. Some of the new terms are very similar to their English translations.

Da capire
Il cibo in Italia

Agli italiani piace mangiare bene. Molti vanno ogni giorno a fare la spesa al mercato perché sanno che c'è una grande differenza tra i cibi freschi e quelli... meno freschi. Molte persone hanno una vera mania per i cibi genuini e durante il fine settimana vanno in campagna a comprare carne di animali non trattati con antibiotici, verdure coltivate senza pesticidi e vino fatto senza additivi. Contrariamente a molti inglesi, usano il cibo come argomento di conversazione. Tra le priorità di molti italiani (non tutti!) c'è anche l'abbigliamento e l'arredamento delle loro case.

vero, -a	*true, real*
trattare	*to treat*
l'argomento	*topic, issue*
l'abbigliamento	*clothes*
l'arredamento	*furnishings*

✓ Ha capito?

1   Che cosa vanno a comprare in campagna molti italiani?
2   Parlano spesso di cibo?
3   Oltre all'arredamento ed al cibo che cosa è importante per molti?

◄ Cibo/cibi/vivande *Food*

una porzione di vitello arrosto	a portion of roast veal
pollo arrosto	roast chicken
verdure ripiene	stuffed vegetables
una fetta di torta di verdura	a slice of vegetable pie
salame nostrano	locally produced salami
una scatoletta di pomodori pelati	a tin of peeled tomatoes
una lattina di caffè macinato	a can of ground coffee
birra	beer
coca cola	coca cola
una bottiglia di olio di oliva	
(or: d'olio d'oliva)	a bottle of olive oil
mezza dozzina di uova	half a dozen eggs
un pezzo di formaggio	a piece of cheese
che tipi ha?	what kinds do you have?
un cespo di lattuga	a head of lettuce
un pacchetto di piselli surgelati	a packet of frozen peas
un grappolo d'uva	a bunch of grapes
carne macinata	minced meat
salsiccia	sausage
manzo	beef
maiale	pork
agnello	lamb
pesce	fish
burro	butter
(pomodori) pelati	peeled (tomatoes)
una pagnotta integrale	a wholemeal loaf
questo pesce è fresco?	is this fish fresh?
grasso	fat
stagionato	fully matured
assaggiare	to taste
pecorino	sheep's milk cheese
piccante	strong
uova di giornata	new-laid eggs
lo può incartare?	can you wrap it?
può mettere tutto in un sacchetto?	can you put everything in a (carrier) bag?
grazie lo stesso	thanks all the same
tra	between, among
voglio dire	I mean
un po' caro, no?	a bit dear/expensive, isn't it?

※ One way of helping you remember these new words is to think about them when doing your own shopping. Try to imagine that you have to order everything you need in Italian.

Cereali integrali

Study the advertisement below and answer the questions.

> ### Meglio integrale, ma...
> Nella parte esterna dei cereali
> integrali (quella che normalmente si
> elimina con la raffinazione) si trovano
> la fibra, le vitamine, i sali minerali e
> persino un antibiotico naturale.
> Purtroppo è proprio su questa
> parte esterna che si concentrano
> inevitabilmente i pesticidi e le
> sostanze chimiche usate
> normalmente in agricoltura.

1 In what part of the grain is most of the goodness found?
2 What else may be found there?
3 What is the advertisement proposing?

 ## Dialogo 1

Oggi Manuela non ha il tempo per cucinare (*the time to cook*) e va in
rosticceria. Quali sono gli ingredienti delle verdure ripiene?

Manuela	Due porzioni di vitello arrosto e una fetta di torta di carciofi.
Rosticcere	La fetta va bene così, o la vuole più grande?
Manuela	Così va bene. Questo che cos' è?
Rosticcere	Questi sono zucchine ripiene.
Manuela	Voglio dire... che ripieno è?
Rosticcere	Uova, carne, formaggio, funghi, origano...
Manuela	Me ne dia una porzione.
Rosticcere	Desidera altro?
Manuela	Per oggi è tutto, grazie. Quant'è?
Rosticcere	Undici e trentasei in tutto.

carciofi	*artichokes*
zucchine	*courgettes*

🔘 Spiegazioni

Me ne dia una porzione. Before **ne**, **lo**, **la**, **li** and **le** the following pronouns:

mi	ti	ci	si	vi	become
me	te	ce	se	ve	

✅ Pratica 1

It's your turn now. Make up this dialogue with the **rosticcere**:

You	*What filling is it?*
Rosticcere	**Tonno e maionese.**
You	*You will take two portions of it. Then you would like one portion of roast chicken and one of fish salad. Is the fish salad fresh?*
Rosticcere	**Freschissima.**
You	*Ask if he can wrap it well and how much it is.*
Rosticcere	**Sette e sessantanove.**
You	*Here are ten Euros.*
Rosticcere	**Ecco due e trentuno di resto.**

🔘 Dialogo 2

Francesca è in campagna con la sua famiglia e va a fare la spesa nel villaggio. Che tipo di caffè compra? Che tipo di uova vuole?

Francesca	Vorrei del salame nostrano non troppo grasso.
Negoziante	Ho questo stagionato, buonissimo. Lo vuole assaggiare?
Francesca	Sì, grazie. Mmm... è buono, me ne dia tre etti. Mi dia anche un pezzo di pecorino non troppo piccante.
Negoziante	Va bene così, o ne vuole di meno?
Francesca	Così va bene. Vorrei anche una scatoletta di tonno e una lattina di caffè macinato. Che tipi ha?
Negoziante	Ne abbiamo molti tipi ma il *Lavazza Oro* è il migliore.
Francesca	Va bene. Mi dia anche una dozzina di uova di giornata. Può mettere tutto in un sacchetto?

✓ Pratica 2

Say that you would like:

a *300 grams of ham, not too fat*

b *6 cans of beer*

c *a piece of cheese, not too strong*

d *half a dozen new-laid eggs*

e *a tin of ground coffee*

f *a packet of frozen peas*

g *a tin of peeled tomatoes*

h *200 grams of butter*

🔊 Dialogo 3

Adesso Francesca va dal fruttivendolo. Perché i pomodori costano cari?

Francesca	Quanto costano i pomodori oggi?
Fruttivendolo	Uno e sessantacinque al chilo.
Francesca	Un po'cari, no?
Fruttivendolo	Questi sono pomodori nostrani freschissimi, signora.
Francesca	Me ne dia mezzo chilo. Poi vorrei tre grappoli d'uva bianca ed un cespo di lattuga.
Fruttivendolo	Nient'altro, signora?
Francesca	Un chilo di pesche. Mi dia anche un po' di verdura per fare il minestrone.
Fruttivendolo	Le patate e le cipolle le ha?
Francesca	Sì. Ho anche i fagioli.
Fruttivendolo	Allora… un po' di fagiolini, due zucchini, carote, un porro, e una fetta di zucca.
Francesca	Va bene. È tutto per oggi. Quant'è?
Fruttivendolo	Dunque… i pomodori, l'uva, la lattuga, le pesche … sei e nove in tutto.

pesche	peaches	**fagiolini**	green beans
patate	potatoes	**porro**	leek
cipolle	onions	**zucca**	pumpkin
fagioli	beans		

🔲 Spiegazioni

Un po' cari, no?: **po'** is the shortened form of **poco** *little*. **No?** or **non è vero?** at the end of a sentence corresponds to the English *isn't it? aren't you?, don't they?*, etc.

❄ The plural form of **l'uovo** is **le uova**.

✅ Pratica 3

a You have no vegetables at home and you want to make a good minestrone. What do you buy?

b Ask for one bunch of black grapes.

c Ask the greengrocer if the green beans are local.

d Say that you would like half a pumpkin.

e Say that it is all for today.

f You are in the **panetteria**, ask for half a kilo of wholemeal rolls.

g Tell the **pescivendolo** that this fish is not fresh, you don't want it.

✅ Pratica 4

Read the following passage and answer the questions.

In rosticceria e in panetteria

Nelle rosticcerie si può comprare cibo pronto da asporto: porzioni di pollo e vitello arrosto, torte di verdura, insalate di pesce e tante altre specialità nazionali e locali. Le panetterie vendono molti tipi di pane, grissini e focacce: focacce con cipolla, salvia, olive o fatte con la farina di granturco, fette di pizza, biscotti, eccetera. Il formaggio parmigiano fresco è eccellente da mangiare a piccoli pezzi con l'aperitivo oppure alla fine del pasto. La vera mozzarella napoletana è fatta con latte di buffala ma al giorno d'oggi spesso è fatta con latte di mucca.

grissino	*breadstick*
salvia	*sage*
focaccia	*flat loaf*
farina	*flour*
granturco	*maize*
pasto	*meal*
al giorno d'oggi	*nowadays*
mucca	*cow*

	Vero	Falso

Vero o falso?

a Nelle rosticcerie si possono comprare gli ingredienti per fare la pizza. ☐ ☐

b La vera mozzarella è fatta con latte di mucca. ☐ ☐

c Il parmigiano è buono con l'aperitivo. ☐ ☐

Abbigliamento *Clothes*

che taglia ha?	*what size do you take?*
che numero ha?	*what size (shoes) do you take?*
mi fa uno sconto?	*can you give me a discount?*
in vetrina	*in the shop window*
camerino	*fitting room*
camicia/camicetta	*shirt/blouse*
gonna	*skirt*
maglia	*jumper*
maglietta	*T-shirt*
cintura	*belt*
abito/vestito	*dress or suit*
collant	*tights*
un paio di scarpe	*a pair of shoes*
pantaloni	*trousers*
jeans	*jeans*
sciarpa di seta	*silk scarf*
lana	*wool*
borsa di pelle	*leather bag*
modello	*style*
svendita	*sale*
stretto (-a)	*tight, narrow*

Dialogo 4

Francesca e Chiara vanno in un *grande magazzino* (department store). Che cosa comprano?

Chiara Ha questo vestito nella taglia 42, in giallo?

Commessa La 42 in giallo no. Li abbiamo in verde, blu e nero. In giallo abbiamo altri modelli.

Chiara Allora no. Queste magliette quanto costano?

Commessa Soltanto sette e settantacinque: sono in svendita.

Chiara	Allora ne prendo due: una nera e una rosa.
	(*meanwhile*)
Francesca	Queste scarpe quanto costano?
Commessa	Cento euro.
Francesca	Le posso provare?
Commessa	Certo. Che numero ha?
Francesca	Il 38. Le vorrei blu.
Commessa	In blu abbiamo il 37½ o il 39.
Francesca	(*trying them on*) Ummm…queste sono un po' strette e queste sono troppo lunghe. Grazie lo stesso.

✓ Pratica 5

You are in a department store buying the items circled in the conversion table below. Do you get a discount? Complete the dialogue that follows.

Taglie *Clothing sizes*								
Women's **Coats, Suits,** **Dresses** **and Blouses**	**Britannica**	10	12	14	16	18	20	
	Americana	8	10	12	14	16	18	
	Continentale	38	40	42	44	46	48	
Adult's **Shoes**	**Britannica**	4	5	6	7	8	9	10	11
	Americana	5½	6½	7½	8½	9½	10½	11½	12½
	Continentale	38	39	41	42	43	44	46
Men's Coats, **Jackets and** **Suits**	**Britannica**	34	36	38	40	42	44	
	Americana	34	36	38	40	42	44	
	Continentale	44	46	48	50	52	54	
Men's **Shirts**	**Britannica**	14	14½	15	15½	16	16½	17	17½
	Americana	14	14½	15	15½	16	16½	17	17½
	Continentale	36	37	38	39	40	41	42	43

You	**Buongiorno. Vorrei un _____ _____ _____ da**
	tennis come quelle in _____ .
Commesso	**Che numero ha?**

You	_____ . **Quanto _____ ?**
Commesso	**Quarantadue.**
You	**Mi fa uno _____ ?**
Commesso	**Mi dispiace ma abbiamo i prezzi fissi.**
	(in the clothes section)
You	**Vorrei una _____ bianca.**
Commesso	**Che taglia ha?**
You	**_____ . La posso _____ ?**
Commesso	**Certamente. S'accomodi nel camerino.**
	(you have tried it on and it fits.)
Commesso	**Va bene?**
You	**Sì, va bene. La _____ .**

✓ Un piccolo test

With the help of the words in the box fill in the spaces.

a	una _____ di tonno	**lattina**
b	una _____ di caffè macinato	**scatoletta**
c	un etto di formaggio non troppo _____	**pacchetto**
d	una _____ di pomodori pelati	**dozzina**
e	una _____ di olio di oliva	**scatoletta**
f	una _____ di uova	**piccante**
g	È _____ questo pesce?	**bottiglia**
h	un _____ di piselli surgelati	**fresco**
i	Può mettere tutto in un _____ ?	**sacchetto**

12 TOCCA A ME!
It is my turn!

In this unit you will

- learn about public telephone calls in Italy
- practise 'at the post office'
- practise how to respond to queue jumping
- learn how to change money at the bank
- learn some Internet vocabulary

Revisione

- numbers – Units 3, 4, 5
- how to ask for something – Unit 5
- how to enquire about opening times – Unit 6
- how to say what you want to do – Unit 8

Read the passage aloud and answer the questions below.

Cambiare la valuta in Italia

Per cambiare la valuta in Italia si può andare in banca o all'ufficio cambi ma il modo più pratico è quello di usare il cambiavalute elettronico che si trova negli aeroporti e, in grandi città, nelle stazioni e nelle banche. Le banche aprono dal lunedì al venerdì dalle 8.30 alle 13.20. Generalmente aprono anche il pomeriggio, tra le 15.00 e le 16.00. Il sabato, la domenica e durante i giorni festivi sono chiuse. Le banconote sono da 1.000, 2.000, 5.000, 10.000, 100.000 e 500.000 lire. Le monete sono da 50, 100, 200, 500 e 1.000 lire. L'euro entra in circolazione nel 2002 e per alcuni mesi si potrà usare sia la valuta italiana che l'euro. Le banconote saranno da 5, 10, 20, 50, 100, 200 e 500 euro. Le monete saranno da 1 e 2 euro e 1, 2, 5, 10, 20, 50 centesimi.

✓ Ha capito?

1 Dove si trovano i cambiavalute automatici?
2 Generalmente quando sono aperte le banche il pomeriggio?
3 Il sabato sono aperte?
4 Qual è la banconota in lire di taglio più grande?
5 E la moneta euro più piccola?

Comunicazione e denaro *Communications and money*

telefono	*telephone*
devo telefonare	*I must telephone*
fare una telefonata	*I must make a telephone call*
guardare sull'elenco/guida telefonico/-a	*look in the telephone directory*
carta/scheda telefonica	*phonecard*
comporre/fare il numero	*dial the number*
urbana	*local (call)*
interurbana	*trunk/long distance (call)*
qual è il prefisso?	*what's the code?*
deve chiamare il centralino	*you must call the operator*
una cabina telefonica	*a telephone booth*
si è interrotta la linea	*the line was cut off*
è occupato	*it is engaged*
richiamo	*I'll call again*
la linea è libera ma non risponde nessuno	*the line is free but there is no answer*
insegna	*sign, symbol*
indicare	*to show*

funzionare	*to work, function*
chiedere/richiedere	*to ask for, require*
telefonata a carico del destinatario	*reverse charge call*
la segreteria telefonica	*answering machine*
la segreteria telefonica centralizzata	*call minder*
il cellulare/il telefonino	*mobile/cellular phone*
posta	*post office/mail*
un francobollo per...	*a stamp for...*
spedire/inviare/mandare	*to send*
una cartolina	*a card*
un espresso	*an express letter*
una busta	*an envelope*
il codice di avviamento postale	*post code*
l'indirizzo	*address*
il mittente	*the sender's address*
lo sportello	*window/counter*
ho fatto mezz'ora di coda	*I have been queueing for half an hour*
posso passare avanti?	*can I go in front of you?*
anch'io	*I too*
ho molta fretta	*I am in a great hurry*
la buca delle lettere	*letter box*
ufficio cambi	*exchange bureau*
banca	*bank*
firmi qui	*sign here*
il denaro/i soldi	*money*
valuta estera	*foreign currency*
contante	*cash*
cambiare sterline in lire	*to exchange pounds in lira*
dollari	*dollars*
un assegno turistico	*travellers' cheques*
quant' è il cambio?	*what is the rate of exchange?*
s'accomodi alla cassa	*please go to the cash window*
biglietto/banconota	*banknote*
grosso taglio	*large denomination*
spiccioli/monete	*small change/small coins*
il tasso (di cambio)/il cambio	*rate (of exchange)*
il bancomat	*cash dispenser*
l'euro	*the Euro (currency)*
la posta elettronica	*e-mail*
www (*read* **vu vu vu**)	*worldwide web*
punto (.)	*dot*
barra (/)	*slash*
la chiocciola (@)	*'at' sign @*
il sito	*site*
la rete/la web	*web, net*
cliccare	*to click*
informatica	*computer science*
l'internet	*Internet*
il fax	*fax; fax machine*

Dialogo 1

Marcella desidera fare una telefonata a Londra e va all'ufficio turistico.
Qual è il prefisso per l'Inghilterra?

Marcella	Vorrei telefonare in Inghilterra.
Impiegata	Si accomodi alla cabina cinque.
Marcella	Qual è il prefisso?
Impiegata	0044
	(*after a while Marcella emerges from the booth*)
Marcella	Prima si è interrotta la linea. Adesso è occupato. Richiamo più tardi.
	(*later*)
	Adesso la linea è libera ma non risponde nessuno.

Pratica 1

You go to the tourist office to make a telephone call.

You	*Say that you want to make a telephone call.*
Impiegata	**Si accomodi alla cabina uno.**
You	*Say that you haven't the number.*
Impiegata	**Che città desidera chiamare?**
You	*Rome.*
Impiegata	**Ha l'indirizzo?**
You	*After giving the address you ask what the code is.*
Impiegata	**Il prefisso è 06 e il numero che mi ha richiesto è 123456.**
You	*Say that the line is engaged. You will call later.*

Pratica 2

Complete the following:

Lei è a Genova e desidera fare una _____ ad un amico che abita a Roma ma non sa il _____ di telefono. Deve guardare sull' _____ _____ . È una telefonata _____ : prima deve fare il _____ e poi il _____ . Non risponde nessuno: è _____ !

Dialogo 2

Mr Simpson deve spedire una lettera e un pacco ma ha una difficoltà.

Mr Simpson   Vorrei spedire questa lettera e questo pacco.
Impiegata   Per il pacco deve andare all'altro sportello.
Mr Simpson   Ma io ho fatto mezz'ora di coda!
Impiegata   A questo sportello non si accettano pacchi.
                 (*Mr Simpson joins another queue*)
Signora   Scusi, posso passare avanti? Sa, ho molta fretta...
Mr Simpson   Mi dispiace ma anch'io ho molta fretta!

Pratica 3

You are at the post office.

a   Say that you are sorry but it is your turn.
b   Say that you wish to send an express letter to Scotland.
c   Ask the clerk if he has an envelope.
d   Ask if the stamp for a card costs as much as (*quanto*) a stamp for a letter.
e   Ask how much is the stamp for a card to the United States.

Dialogo 3

Mrs Perkins va in banca a cambiare delle sterline in euro: quant'è il cambio oggi?

Mrs Perkins Vorrei cambiare cento sterline in euro.
Impiegato   Mi può dare il passaporto?
Mrs Perkins Eccolo. Quant'è il cambio oggi?
Impiegato   Uno e sessantacinque. Qual è il suo indirizzo in Italia?
Mrs Perkins Albergo San Giorgio. Santa Margherita.
Impiegato   Firmi qui, per favore. Grazie. S'accomodi alla cassa.
                 (*at the cash desk*)
Cassiere   Come vuole la valuta?
Mrs Perkins Mi dia biglietti di grosso taglio e cinque euro in spiccioli.

✔ Pratica 4

You go to the bank to change some dollars and some travellers' cheques.

You	*Say that you would like to change U.S. $200 into Euros.*
Impiegato	**Ha il passaporto?**
You	*Say yes, here it is.*
Impiegato	**Qual è il suo indirizzo in Italia?**
You	*Hotel Pitosforo. Say that you would also like to change a travellers' cheque.*
Impiegato	**L'assegno è in euro?**
You	*Say yes and ask what the rate of exchange is today.*
Impiegato	**Uno e dieci. S'accomodi alla cassa.**
	(*at the cash desk*)
Cassiera	**Firmi qui, per favore. Ecco 220 euro.**
You	*You would like large denomination notes and 5 Euros in coins. Thank her and say goodbye.*

✔ Pratica 5

You are walking along the street and, as you see each of the signs below, you remember that you need (or must do) something. Choose two of the sentences, as appropriate, for each sign.

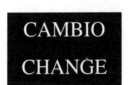

a _____ and _____ **b** _____ and _____ **c** _____ and _____

i   Ho bisogno di valuta estera.
ii Ho bisogno di un francobollo
iii Ho bisogno di chiamare Maria.

iv Devo cambiare delle sterline.
v   Devo telefonare a Paolo.
vi Devo comprare le sigarette.

✓ Pratica 6

Read the following passage. Try to learn any new vocabulary you meet. Then answer the questions.

Telefonate da un posto pubblico

Generalmente per telefonare da un posto pubblico bisogna andare all'ufficio turistico, in un bar, oppure usare una cabina telefonica. Un'insegna gialla, con il simbolo del telefono indica che c'è un telefono pubblico. Alcune cabine hanno telefoni che prendono soltanto monete, altre funzionano con la carta telefonica che si può comprare in bar, all'ufficio postale e in tabaccheria. Se non si hanno monete o carta (scheda) telefonica si può chiamare il centralino e chiedere una telefonata a carico del destinatario. Oggi è necessario fare il prefisso anche per le telefonate urbane e cioè per le telefonate nelle stessa città. I telefoni cellulari in Italia sono più dei telefoni fissi (circa 35.000).

Domande

a Di che colore è l'insegna dei telefoni pubblici?
b Se lei non ha monete o la carta telefonica che cosa può fare?
c È necessario comporre il prefisso per le chiamate locali?

✓ Pratica 7

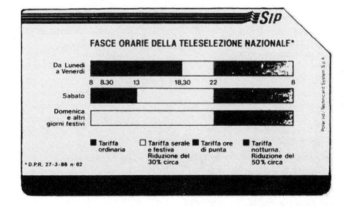

a Can you work out what the date on the phonecard indicates?
b What is the reduction after 10pm?
c Is there a difference between the morning rates on Saturday and Sunday?

✓ Pratica 8

Read the passage and answer the questions on page 112.

Benché esista la traduzione in italiano di moltissimi vocàboli concernenti l'informàtica molto spesso si preferisce usare il vocàbolo in lingua inglese come **mouse** o addirittura coniare nuovi vocàboli come **testare** *to test* o **formattazione** *formatting*. Questo estratto dal supplemento *Web* della rivista *Panorama* è un esempio di 'informatichese'.

Per usare l'e-mail in vacanza

In vacanza senza pc e senza portatile è possibile inviare e ricevere posta e-mail. Servono due cose. Primo, l'iscrizione a un servizio di posta elettronica su web. Secondo: un computer collegato a Internet. Può bastare il pc dell'albergo, dell'ufficio turismo o quello della capitaneria del porto. Con l'e-mail su web si può inviare e ricevere posta attraverso un browser (Explorer o Netscape) invece che attraverso un programma di e-mail (Eudora, Lotus, Organizer, Outlook, Netscape Messenger).

Qual è la differenza? La web e-mail di fatto è un sito. Consente quindi un' integrazione tra funzioni web e di posta elettronica con la possibilità di inviare messaggi con sfondi colorati e animazioni ma il reale vantaggio è che s'invia e si riceve posta senza dovere usare un programma specifico, quello installato sul computer di casa.

Contribuendo a creare un'utenza più ampia per il business dei servizi in rete, la web e-mail è gratis. Non mancano però i banner (gli spot di Internet).

benché	*although*
si preferisce	*one prefers*
addirittura	*even/actually*
coniare	*to coin/to invent*
capitaneria del porto	*harbour office*
un'utenza più ampia	*a wider use*
spot	*spot/commercial*

Vero o falso?   **Vero   Falso**

a Con l'e-mail su web è possibile inviare e ricevere
    posta senza usare un programma di e-mail.   ☐   ☐

b Il vero vantaggio della web e-mail è che si possono
    inviare messaggi colorati.   ☐   ☐

✓ Un piccolo test

Ask for the following items or information:

a 12 stamps for Great Britain
b what the post code for Rome is
c if the sender's address is necessary
d if they have a directory
e what the rate of exchange is today

13 | IN GIRO PER LA CITTÀ
Going about town

In this unit you will learn how to:

■ ask for, understand and give simple street directions
■ understand information about public transport

Revisione

■ how to ask where something is – Unit 3
■ how to ask for information and tickets – Unit 7
■ how to say what you want to do – Unit 8
■ how to talk about the things you do – Unit 9

Da capire
I trasporti pubblici

In tutte le città e nei luoghi di villeggiatura si possono trovare tassì vicino alla stazione e nelle parti principali della città. Naturalmente i tassì si possono anche chiamare per telefono. Le tariffe variano da posto a posto e generalmente durante la notte sono più care. Viaggiare in autobus è molto a buon mercato. Nelle città la maggior parte degli autobus non ha il bigliettaio ma una macchina che timbra il biglietto con la data e l'ora: quindi è necessario comprare i biglietti prima di salire sull'autobus! I biglietti si comprano in tabaccheria, in edicola e nei bar. Su alcuni autobus c'è un distributore automatico di biglietti e allora bisogna avere moneta!

luogo di villeggiatura	*holiday resort*
bigliettaio	*bus conductor*
timbrare	*to stamp*
distributore automatico	*vending machine*

✔ Ha capito?

1 Il prezzo dei biglietti per l'autobus è alto?
2 Dove si comprano i biglietti per l'autobus?
3 Per comprare i biglietti sull'autobus che cosa è necessario avere?

Come andare a... *How to get to...*

fermata	*bus stop*
trovare	*to find*
va avanti dritto	*you go straight ahead*
principale	*main*
gira a destra	*you turn right*
a sinistra	*left*
prende la prima a destra	*take the first on the right*
la seconda a sinistra	*the second on the left*
alla fine della strada	*at the end of the road*
all'altro lato della piazza	*at the other end of the square*
di fronte al duomo	*opposite the cathedral*
dietro la stazione	*behind the station*
sotto la torre dell'orologio	*under the clock tower*
dopo il semaforo	*after the traffic lights*
attraversa il ponte	*you cross the bridge*
i giardini	*gardens*
chiedere/domandare	*to ask*
andare a piedi	*to go on foot*
mi sono perso(-a)	*I am lost*
deve tornare indietro	*you must go back*
porto	*harbour/port*
il pontile (d'imbarco)	*jetty*
lungomare	*sea-front/promenade*
battello	*boat*
vaporetto	*water-bus*
che cosa significa...?	*what does ... mean?*

Un biglietto

```
AIR PULLMAN S.p.A. MALPENSA
DATA          Serie 76  N°    7639
1  11  21
2  12  22    SERVIZIO PUBBLICO DI LINEA
3  13  23    SENZA FERMATE INTERMEDIE
4  14  24        MILANO
5  15  25    AEROPORTO MALPENSA
6  16  26
7  17  27      Esente da I.V.A. a norma del-
8  18  28      l'Art. 10 comma 9 del D.P.R.
9  19  29      26-10-1972 n.° 633.
10 20  30
       31
G A V A        Lit. 4000
ORA 1  2  3  4  5  6  7  8  9  10 11 12  ORA
    24 23 22 21 20 19 18 17 16 15 14 13
```

How many times would you expect the *coach* (pullman) to stop on the journey?

Dialogo 1

Un turista chiede informazioni ad un passante (*passer-by*).

Turista	Scusi, sa dov'è la fermata dell'autobus?
Passante	Dove deve andare?
Turista	In piazza Acquaverde.
Passante	La fermata è alla fine di questa strada a sinistra, vicino al supermercato.
Turista	Vicino al supermercato, a destra.
Passante	No, a sinistra.
Turista	È lontano?
Passante	Cinque minuti da qui.
Turista	Sa che autobus devo prendere?
Passante	Il numero 27.
Turista	Molte grazie.

Pratica 1

Complete this dialogue between you and a passer-by.

You	**Scusi, dov'è la _____ dell'autobus?**
Passante	**È all'_____ _____ della piazza.**
You	**L'autobus per la stazione ferma a destra o a _____?**
Passante	**A destra.**
You	**La stazione è _____?**

✓ Pratica 2

Imagine you are trying to find your way in an Italian city. You stop a passer-by and ask where the fish market (**il mercato del pesce**) is.

You	*Ask where the fish market is.*
Passante	**Il mercato del pesce? È in piazza Matteotti.**
You	*Ask where piazza Matteotti is.*
Passante	**È la prima strada a sinistra.**
You	*Ask if it is far.*
Passante	**No, due minuti.**
You	*Ask if there is a book shop in piazza Matteotti.*
Passante	**No, ce n'è una in via Dante. Sa dov'è?**
You	*Say no, can you go on foot?*
Passante	**No, è troppo lontano. Deve prendere l'autobus.**
You	*Ask where the bus stop is.*
Passante	**È alla fine della strada. Vicino al semaforo.**
You	*Thank him very much and say goodbye.*

✓ Pratica 3

You are asked where the fish market is. You have just been there, give directions, using the map below.

Va _____ _____ **, poi prende la** _____ _____ _____ **.**

Il mercato è all' _____ _____ _____ **piazza, vicino**

ai _____ **.**

Dialogo 2

Un gruppo di turisti desidera andare da Santa Margherita a Portofino in battello.

Turista   Scusi, da dove partono i battelli per Portofino?
Passante   Deve andare sul lungomare.
Turista   È lontano da qui?
Passante   No, va avanti dritto e quando arriva alla piazza con i giardini vede il pontile d'imbarco per i battelli: è prima del porto.
Turista   Molte grazie.
Passante   Prego.

 Pratica 4

The timetable below illustrates four boat excursions (gite). Study it and answer the questions on page 118. (**giro** means tour).

Portovenere e Giro Isole Palmaria-Tino (tutto il giorno)
Sosta di 3 ore a Portovenere
Ogni Domenica (dal 16/6 al 9/9)

PARTENZE:		RITORNI:
da Camogli	h. 9,10	h. 18,15 circa
da Recco	h. 8,50	h. 18,20 circa
da Sori	h. 8,50	h. 18,30 circa
da Nervi	h. 8,30	h. 19,00 circa

PREZZI:
da Nervi-Sori   L.23.000/€11.87 A e ridotti – L.37.000/€19.10 A/R
da Recco-Camogli L.21.000/€10.84 A e ridotti – L.35.000/€18.07 A/R

5 Terre (tutto il giorno) – Sosta di 4 ore a Vernazza
Ogni Mercoledì e Venerdì (dall'1/7 al 9/9)

PARTENZE:		RITORNI:
da Camogli	h. 9,30	h. 18,15 circa
da Recco	h. 9,20	h. 18,20 circa
da Sori	h. 9,15	h. 18,30 circa
da Nervi	h. 9,00	h. 19,00 circa

PREZZI:
da Nervi-Sori   L.22.000/€11.36 A e ridotti – L.35.000/€18.07 A/R
da Recco-Camogli L.20.000/€10.32 A e ridotti – L.33.000/€17.03 A/R

Giro dei Due Golfi (Paradiso e Tigullio)
Sosta di 1 ora a Portofino e 45 minuti a S. Fruttuoso
Ogni Martedì – Giovedì – Sabato (dall'1/7 al 9/9)

PARTENZE:		RITORNI:
da Camogli	h. 15,15	h. 18,30 circa
da Recco	h. 14,50	h. 18,45 circa
da Sori	h. 15,00	h. 18,45 circa
da Nervi	h. 14,45	h. 19,00 circa

PREZZI:
da Nervi-Sori   L.16.000/€8.26 A e ridotti – L.25.000/€12.91 A/R
da Recco-Camogli L.20.000/€7.23 A e ridotti – L.24.000/€12.39 A/R

Gita notturna a Portofino – Sosta di 1 ora a Portofino
Ogni Sabato (dal 16/6 al 9/9)

PARTENZE:		RITORNI:
da Camogli	h. 21,30	h. 23,45 circa
da Recco	h. 21,20	h. 23,45 circa
da Nervi	h. 21,00	h. 24,00 circa

PREZZI:
da Nervi-Sori   L.24.000/€12.39 A/R
da Recco-Camogli L.22.000/€11.36 A/R

a How many excursions take all day?
b Could you go to Cinque Terre on a Sunday?
c Do they run the tours in winter?
d Do the boats guarantee to return at the exact printed time?

Dialogo 3

Un turista arriva alla stazione di Venezia. Desidera andare all'isola (*island*) di Murano. Chiede indicazioni (*directions*) a un passante. Il passante indica un itinerario interessante.

Turista   Scusi, per andare a Murano...
Passante   Deve prendere il vaporetto: la linea 1 va in Piazza San Marco, poi continua per Murano. Ma c'è un itinerario più interessante: prende la linea 5, che va lungo il Canale della Giudecca, e quando arriva in piazza San Marco prende la linea 1.
Turista   Lei è molto gentile. Grazie.
Passante   Prego.

linea	*route/line*
lungo il canale	*along the canal*

Pratica 5

After a few days in Venice you have become an expert at finding your way around. An Italian tourist stops you and asks you the way to Piazza San Marco.

Turista   **Scusi, sa dov'è piazza San Marco?**
You   *You must cross the bridge.*
Turista   **Attraverso il ponte e poi?**
You   *Then you take the first on the left and go straight on. At the end of the road you see piazza San Marco.*

✓ Pratica 6

Read aloud the passage below. Then answer the questions.

Venezia

A Venezia gli autobus sono vaporetti e i tassì sono motoscafi. Anche i veicoli della polizia e le ambulanze sono motoscafi. La 'via' principale è il Canal Grande che è lungo circa quattro chilometri e divide la città in due parti. I canali più piccoli si chiamano **rio**: rio Nuovo, rio San Paolo eccetera. Che cosa significa rio? Rio significa *stream/brook*. Le strade non si chiamano 'via' ma **calle**: per esempio, calle Paradiso e calle Furlani. Calle significa strada stretta o sentiero. Le piazze si chiamano **campo**: campo Santo Stefano, campo Morosini eccetera. Rio e calle sono parole antiche usate soltanto a Venezia. Tra le feste tradizionali veneziane c'è il **Carnevale** (a febbraio); il 15 e il 16 di luglio c'è **Il Redentore**: una processione di gondole e altre imbarcazioni che commemora la fine dell'epidemia nel 1575. Durante la prima domenica di settembre c'è la **Regata Storica**.

polizia	*police*
motoscafo	*motorboat*
sentiero	*path*
campo	*field*
Il Redentore	*the Redeemer*
imbarcazione	*boat, craft*
storico	*historical*
epidemia	*epidemic*

Domande

a   Come si chiamano gli 'autobus' veneziani?
b   Che tipo di veicoli usa la polizia?
c   In che mese è la festa del Redentore?
d   Che cosa celebra la festa del Redentore?

✓ Un piccolo test

Do you remember how to say:

a   I am lost
b   opposite the cathedral
c   you must go back
d   before the harbour
e   after the traffic lights
f   behind the station
g   opposite the baker's
h   under the clock tower
i   near the gardens
j   Can I go on foot?

14 UN ALLOGGIO
Accommodation

In this unit you will:

■ practise finding accommodation, checking in and paying the bill
■ learn how to deal with some problems at hotels and campsites
■ practise spelling out your name

Revisione

■ how to ask for something – Unit 5
■ how to talk about things that have happened – Unit 10
■ how to ask the price of something – Unit 5
■ expressions of time – Unit 6

Remember that it is very important to learn the new vocabulary as you come across it. Try not to keep referring back to the **Da dire e da capire** boxes, it is better to commit words to memory.

Make sure you always read the **Dialoghi** exercises aloud so that you can practise the pronunciation.

Il direttore vuole sapere perché ci sono due prenotazioni per una camera.

Da capire
Un posto per dormire

In Italia ci sono cinque categorie di alberghi: di lusso (con cinque stelle ✭✭✭✭✭), di prima (✭✭✭✭), di seconda (✭✭✭), di terza (✭✭) e di quarta (✭) categoria. Ci sono anche tre categorie di pensioni e una di locande. Una locanda è generalmente una trattoria con alcune camere da affittare. Le pensioni sono un poco più modeste degli alberghi. Negli alberghi meublé non c'è ristorante ma spesso servono la prima colazione. Gli ostelli per la gioventù e le case dello studente sono riservati a giovani e studenti ed hanno prezzi modici. In tutta l'Italia c'è anche una grande varietà di campeggi (chiamati anche *camping*).

I prezzi degli alberghi includono le tasse ma normalmente la prima colazione non è inclusa nel prezzo eccetto quando si è a pensione completa o a mezza pensione. La patente italiana può essere accettata come documento perché porta la foto del suo proprietario.

affittare   *to let, to rent*
la gioventù   *youth*
giovani   *young people*
modici   *reasonable, moderate*

✓ Ha capito

1   Sono più cari gli alberghi o le pensioni?
2   Una persona anziana può andare in un ostello per la gioventù?
3   Con la mezza pensione si deve pagare separatamente la prima colazione?
4   Si può cenare (*to dine*) in un meublé?
5   Quante stelle ha un albergo di seconda categoria?

🔑 In albergo *At the hotel*

cercare	look for
ha/avete	have you
una camera libera?	a free/vacant (bed)room?
singola	single
doppia	double
matrimoniale	double bedded
a due letti	with twin beds
con (senza) bagno	with (without) bath
con (senza) doccia	with (without) shower
pensione completa/mezza pensione	full board/half board
mi dà i documenti?	may I have your documents?
la carta d'identità	identity card
la patente	driving licence
il passaporto	passport
la chiave	key
il facchino	porter
la valigia	suitcase
carta di credito	credit card
assegni turistici	travellers' cheques
assegni (bancari)	(personal) cheques
c'è un errore/uno sbaglio nel conto	there is a mistake in the bill
mi scusi tanto	I do apologise, I'm very sorry
accettare	to accept
lasciare	to leave
la portineria	reception
subito	at once
in anticipo	beforehand
la sera prima	the evening before
desidero la sveglia alle ...	I would like to be woken/called at...

🎧 Dialogo 1

Una turista chiede (*asks*) informazioni all'ufficio turistico sugli alberghi della città. Che tipo di albergo desidera?

Turista   Buongiorno. Mio marito ed io cerchiamo una camera per questa notte.

Impiegata   Questa è la lista degli alberghi della città.

Turista   Ci può consigliare un albergo tranquillo e non troppo caro?

Impiegata   L'albergo San Giorgio e il Piccolo Hotel sono molto tranquilli. Se vuole telefono per vedere se ci sono camere libere.

Turista   Sì, grazie.

✓ Pratica 1

Ask if the hotel has the following facilities:

a L'albergo è in una ⚡← ?
b C'è il 🌲 ?
c C'è l' ⬆⬇ nell'albergo?
d C'è l' 🏠 ?
e C'è la 🏊 ?
f L'albergo è in una ⊘ ?
g Nelle camere c'è l' ▭ ?
h C'è il ☎ ?
i C'è anche il TV ?
j E il ♨ c'è?

Pratica 2

You are at the tourist office looking for a suitable hotel.

You	*Say good morning, you are looking for a hotel in a quiet position.*
Impiegata	**L'albergo Giardini e il Piccolo Parco sono molto tranquilli.**
You	*Ask which is the best.*
Impiegata	**Ma... dipende un po' dalle sue preferenze... il Piccolo**

	Parco è più tranquillo ma il Giardini è in una posizione panorąmica.
You	*Say that Piccolo Parco is OK and ask if she can phone and see if there are any rooms available.*
Impiegata	**Che tipo di cąmera vuole?**
You	*You want a single room with shower.*

🔊 Dialogo 2

Sergio e Francesca desįderano una cąmera per tre notti.

Portiere	Buonasera signori.
Sergio	Buonasera. Ha una cąmera lįbera?
Portiere	Sįngola o doppia?
Sergio	Doppia.
Portiere	Matrimoniale o a due letti?
Sergio	A due letti, con bagno.
Portier	Mi dispiace, ma non abbiamo camere libere con bagno: soltanto con doccia.
Francesca	Con doccia va bene. Quanto costa la cąmera?
Portiere	Centoventi ęuro per notte.
Sergio	Va bene, la prendiamo.
Portiere	Per quante notti?
Sergio	Per tre notti.
Portiere	Camera 225. Al secondo piano. Ecco la chiave. Mi dà i documenti, per favore?
Sergio	Ecco la carta d'identità.
Francesca	Va bene la patente?
Portiere	Certamente signora. Grazie

REPVBBLICA ITALIANA

COMVNE DI
CAMOGLI

CARTA D'IDENTITA

Nº. 01708314

DI
FERRARI SERGIO

✅ Pratica 3

Give the questions in Italian for the following answers:

a Per tre notti.
b La cąmera costa centoventi ęuro per notte.
c Sì, la patente va benissimo.

Dialogo 3

Sergio e Francesca pagano il conto e trovano un errore.

Portiere   Buongiorno signori.
Sergio   Il conto, per favore.
Portiere   Ecco il conto, signore.
Sergio   Che cos'è questo?
Portiere   La prima colazione, signore.
Francesca   Ma noi non abbiamo fatto colazione: c'è un errore!
Portiere   Ha ragione, signora; mi scusi tanto.
Sergio   Posso pagare con la carta di credito?
Portiere   Certamente signore, accettiamo carta di credito, valuta estera, assegni... tutto.
Sergio   A che ora dobbiamo lasciare la camera?
Portiere   A mezzogiorno. Se vuole può lasciare le valigie in portineria.
Sergio   Non è necessario. Il facchino le può portare in macchina?
Portiere   Certamente, lo chiamo subito.

Pratica 4

Read the previous dialogue and then fill in the spaces.

a   Sergio chiede _____ _____ al portiere.
b   Sergio e Francesca non _____ _____ colazione.
c   C'è _____ _____ nel conto.

Pratica 5

Imagine you are staying in a hotel. There is quite a lot wrong with your room. Use the expressions **vorrei un altro (un'altra)**, **non funziona** or **non c'è** as appropriate in relation to the following:

a   serratura   **b   presa di corrente**   **c   coperta**   **d   gruccia**

e acqua calda   **f radiatore** (m) **g luce** (f)   **h cuscino**

 # In campeggio *At the campsite*

prenotare/riservare	*to book/reserve*
prenotazione	*reservation*
tenda	*tent*
parcheggiare la roulotte	*to park the caravan*
il camper	*camper/trailer*
che servizi ci sono?	*what facilities are there?*
dov'è l'acqua potabile?	*where is the drinking water?*
la bombola del gas	*gas bottle*
la presa di corrente	*electric socket*
forse	*perhaps, maybe*
cartello	*sign*
nome (m)	*name, first name*
cognome (m)	*surname*

Dialogo 4

Il signore e la signora Hazeltine arrivano in un campeggio senza prenotazione.

Signor H.   Avete il posto per un camper?

Impiegata   Per quante notti?

Signor H.   Cinque notti. Forse di più.

Impiegata   Ho un posto per cinque notti soltanto.

Signor H.   Va bene.

Impiegata   Il suo nome per favore?

Signor H.   Hazeltine.

Impiegata   Come si scrive?

Signor H.   Acca, a, zeta, e, elle, ti, i, enne, e. Dov'è il posto per il camper?

Impiegata	Va avanti dritto, poi gira a destra e vede il cartello 'CAMPERS'.
Signor H.	Che servizi ci sono?
Impiegata	Bagni, docce, gabinetti, un negozio…
Signor H.	La presa della corrente c'è?
Impiegata	Certamente. Se ha bisogno di una bombola di gas la può richiedere al negozio.

✓ Pratica 6

a Which of the two campsites shown below could you use in winter?

b Could you work out what discount you would get at the Frassanito campsite, if you were a member of Federcampeggio?

c Would you go to the Frassanito if you wanted a holiday in the countryside?

OTRANTO (Lecce)
"Frassanito"
– A 12km. a
nord-ovest di
Otranto – Sul
mare – Tel
(0836) 85005

aperto da
aprile a
settembre
sconti. 10%
AIT-FIA-FICC
20%
Federcampeggio

VILLAGGIO TURISTICO SPORTIVO
SAN GIORGIO
CAMPEGGIO INTERNAZIONALE
70040 BARI - S.S. 16 al km. 809 deviazone per
S. Giorigio km. 6 a sud di Bari
Tel. 491175-491202-491226

Aperto tutto l'anno – Bungalows – Alloggi – Trulli –
Complesso nautico con rimessaggio e assistenza – Articoli
de campeggio e turismo – Assistenza Caravan – Bar –
Tabacchi – Alimentari – Macelleria – Spaccio frutta e verdura
– Market – Pizzeria – Tavola caida – Pattinaggio Hockey –
Tennis – Bocce – Palestra – Sala Attrazioni-Complesso
balneare con piscina e parco gionchi per bambini – Ufficio
Postale – Chiesa

✓ Pratica 7

Read the alphabet aloud and practise spelling out your **nome, cognome** and **indirizzo**.

L'alfabeto						
A a	**B** bi	**C** ci	**D** di	**E** e	**F** effe	**G** gi
H acca	**I** i	**J** i-lunga	**K** cappa	**L** elle	**M** emme	**N** enne
O o	**P** pi	**Q** cu	**R** erre	**S** esse	**T** ti	**U** u
V vu	**W** doppia-vu	**X** ics	**Y** ipsilon	**Z** zeta		

✓ Pratica 8

Read the following passage. Then answer the questions.

Soggiorno in albergo

Quando va in vacanza deve prenotare l'albergo in anticipo. Deve dire se desidera una camera con bagno o senza bagno; se vuole soltanto la camera, se preferisce stare a mezza pensione o a pensione completa. Se prende soltanto la camera chiede se la prima colazione è compresa (inclusa) nel prezzo. Vuole anche sapere se l'albergo accetta la carta di credito o altri tipi di pagamento come gli assegni turistici. Quando arriva chiede anche: **dove posso parcheggiare? Può far portare i bagagli in camera? A che ora è la prima colazione? A che ora è il pranzo? A che ora è la cena?** Se al mattino deve alzarsi presto la sera prima dice: **domani mattina desidero la sveglia alle... .** Se qualcosa non funziona o la camera non è tranquilla informa subito il direttore.

a   Tell reception that tomorrow morning you wish to be called at six.

_____

b   Ask where you can park. _____

c   Ask reception if they can get the porter to take your case to your room.

_____

✓ Un piccolo test

Do you remember how to say:

1   This is room 209.
2   There is no hot water in the bathroom.
3   The shower doesn't work.
4   Have you got a list of the hotels for this town?
5   Have you got a place for a caravan?
6   Where is the drinking water?

15 BUON APPETITO!
Enjoy your meal!

In this unit you will:

- learn about Italian meals
- practise how to ask for the table which you prefer
- learn how to find out if you will like a particular dish
- learn how to order drinks and meals

Revisione

- how to express likes and dislikes – Unit 4
- how to ask for something – Unit 5
- how to say what you want to do – Unit 8

LO SPUNTINO
PANINOTECA

LO SPUNTINO
PANINOTECA
Via Garibaldi 172 - Tel. (0185) 773486
(Passeggiata di Camogli)
16032 CAMOGLI
* * *

HAMBURGERS
HOT DOGS
CRÊPES
45 TIPI DI PANINI
BIRRA ITALIANA ed ESTERA

🔑 **Mangiare fuori** *Eating out*

tutto occupato	*all taken*
porta	*door*
finestra	*window*
tavola calda	*snack bar*
imbottito	*filled*
tramezzino	*sandwich*
autostrada	*motorway*
abbastanza	*reasonably/fairly*
sostanzioso	*substantial*
gestire	*to run, manage*
a turno	*in turn, in rota*
saltare	*to skip (literally, to jump), to omit*
ordinare un pasto	*to order a meal*
la (prima) colazione	*breakfast*
la seconda colazione/il pranzo	*lunch*
pranzare	*to (have) lunch*
la cena	*dinner*
cenare	*to dine*
fare uno spuntino/una merenda	*to have a snack*
il piatto	*dish*
il menù	*menu*
al forno	*cooked in the oven*
alla griglia	*grilled*
arrosto	*roasted*
bollito	*boiled*
saltato	*sauté, lightly fried*
brasato	*braised*
fritto	*fried*
impanata	*breadcrumbed*
olio	*oil*
aceto	*vinegar*
sottaceti	*mixed pickles*
sale	*salt*
pepe	*pepper*
assortimento	*selection*
prendo una bistecca	*I'll have a steak*
ben cotta/media/al sangue	*well done/medium/rare*
fatto in casa	*home-made*
bere	*to drink*
che cosa beve/prende?	*what will you drink/have?*
prendo un analcolico	*I'll have a non-alcoholic aperitif*
succo di frutta	*fruit juice*
spremuta d'arancia	*freshly squeezed oranges*
acqua minerale (non) gassata	*(not) sparkling mineral water*
digestivo	*digestive (liqueur)*

con/senza ghiaccio	*with/without ice*
secco/dolce	*dry/sweet*
che cosa vuol dire...?	*what does ... mean?*
che cosa significa...?	*what does ... mean?*
come si dice...?	*how does one say...?*
mancia	*tip*
della casa	*of the house*

Da capire Mangiare bene

In Italia si può mangiare bene anche in pizzeria e in rosticceria. Se non si ha un enorme appetito si può anche andare a una tavola calda, in paninoteca (un negozio specializzato in panini imbottiti), o in un bar. Generalmente in un bar si può prendere un panino imbottito, un tramezzino o un ...toast (pronuncia *tost*); un toast in Italia è un *toasted sandwich*.

Per chi viaggia in automobile, in autostrada ci sono gli autogrill: ristoranti dove si mangia abbastanza bene, a buon mercato. Naturalmente se si desidera qualcosa di più sostanzioso ci sono i ristoranti e le trattorie. La trattoria è forse il posto migliore per mangiare bene. Generalmente è gestita da una famiglia, il cibo è casalingo e i prezzi sono moderati.

Bar e ristoranti chiudono a turno un giorno la settimana.

Ha capito?

1. Che cosa vende la paninoteca?
2. Che cosa bisogna dire in un bar per avere un *toasted sandwich?*
3. Dove sono gli autogrill?
4. Generalmente si mangia meglio al ristorante o in trattoria?

Dialogo 1

Chiara e Roberto vanno in una trattoria con Paul e Anne.

Roberto	Buongiorno, ha un tavolo per quattro?
Cameriere	Hanno prenotato?
Roberto	No. È possibile sedere fuori?
Cameriere	Mi dispiace ma fuori è tutto occupato. Va bene qui?
Chiara	Questo tavolo è troppo vicino alla porta.
Cameriere	Vicino alla finestra va bene?
Chiara	Sì, grazie.
Cameriere	Desiderano un aperitivo?

Paul	Sì, grazie. Io prendo un Martini con ghiaccio.
Anne	Per me un succo di albicocca.
Chiara	Per me una spremuta d'arancia.
Roberto	Io prendo un analcolico.

✅ Pratica 1

You and your friend arrive at the same restaurant; this time there is a table available outside.

You	*Ask for a table for two.*
Cameriere	**S'accomodino.**
You	*Ask if you (both) can sit outside.*
Cameriere	**Sì, c'è un tavolo libero. Desiderano un aperitivo?**
You	*Order an alcohol-free aperitif and a tomato juice without ice.*

✅ Pratica 2

Read the following passage and answer the questions.

Piatti italiani Italian dishes

Il fritto misto può essere di carne o di pesce. Generalmente nelle località di mare consiste in calamari e piccoli pesci fritti. Nelle località lontano dal mare il fritto misto consiste in carni varie e verdure miste fritte. La *mustard* inglese in italiano si chiama senape. La zuppa inglese non è una zuppa ma è un dolce simile al *trifle* inglese. Alla casalinga significa fatto in casa.

In quasi tutti i ristoranti c'è un menù a prezzo fisso e una lista dei piatti del giorno. Un pasto completo consiste in **antipasto** (prosciutto e melone, salame, eccetera), il **primo piatto** (zuppa, minestrone o pasta), il **secondo piatto** (carne o pesce) con **contorno** di verdure o insalata e il **dolce** (o formaggio e frutta).

calamari	*squid*
contorno	*side dish*
insalata	*salad*

---

a Con quale piatto è servito il contorno?
b Nelle località di campagna che cosa servono come fritto misto?
c La zuppa inglese ha verdure?

🎧 Dialogo 2

MENÙ

Antipasti
- antipasto misto
- verdure ripiene
- acciughe al limone
- prosciutto e melone o fichi

Primi Piatti
- zuppa di verdura
- spaghetti ai funghi
- risotto di mare
- fettuccine alla panna

Secondi Piatti
- scaloppine al marsala
- bistecca alla griglia
- cotoletta alla milanese
- brasato con lenticchie
- pollo alla cacciatora
- fegato alla veneziana
- pesce al cartoccio
- agnello arrosto

Contorni
- spinaci al burro o limone
- piselli al prezzemolo
- fagiolini al burro
- patate al forno e bollite
- insalata mista

Formaggi Assortiti

Frutta e Dolce
- frutta di stagione
- zuppa inglese
- torta della casa
- gelati assortiti

☆

Servizio incluso

☆

Chiara e Roberto discutono (*discuss*) il menù con i loro amici australiani Paul e Anne.

Roberto	Cameriere, può portare il menù?
Cameriere	Subito, signori. Ecco il menù.
Paul	In che cosa consiste l'antipasto misto?
Roberto	L'antipasto misto è un assortimento di verdure ripiene, salame, prosciutto, sottaceti…
Anne	Che cos'è il risotto di mare?
Chiara	*Seafood* risotto, con frutti di mare.
Paul	Panna vuol dire *cream*, non è vero?
Chiara	Sì. So che qui il pesce al cartoccio è eccellente. È pesce al forno, come si dice…*in a paper case.*
Anne	E il fegato alla veneziana?
Roberto	Il fegato è *liver*. È fritto con cipolle e alloro (*bay leaf*).

✓ Pratica 3

Now it's your turn to ask.

You	*What is manzo brasato con lenticchie?*
Cameriere	**Braised beef with lentils.**
You	*What does* marsala *mean?*
Cameriere	**È un tipo di vino siciliano.**
You	*Is* cotoletta alla milanese *fried meat?*
Cameriere	**Sì: impanata e fritta.**
You	*How do you say* chop *in Italian?*
Cameriere	**Braciola.**

🎙 Dialogo 3

Roberto, Chiara e i loro amici ordinano il pasto.

Cameriere	Desiderano ordinare?
Roberto	Sì, grazie. (*to Anne*) Tu che cosa prendi Anne?
Anne	Io prendo un antipasto misto e scaloppine al Marsala. Salto il primo piatto.
Cameriere	E come contorno?
Anne	Spinaci al limone e patate al forno.
Chiara	E tu, Paul?
Paul	Per me acciughe al limone e una bistecca alla griglia. Come contorno piselli al prezzemolo e carciofi fritti.
Cameriere	Come vuole la bistecca?
Paul	Media.
Chiara	Io prendo prosciutto crudo con fichi e risotto di mare.
Roberto	Per me fettuccine alla panna e fegato alla veneziana. Per contorno patate bollite e fagiolini al burro.
Cameriere	Da bere che cosa prendono?
Robert	Una bottiglia di vino bianco secco e una caraffa di vino rosso della casa.
Anne	E una bottiglia di acqua minerale.

acciughe	*anchovies*
prezzemolo	*parsley*
straniero/a	*foreign man/woman*

✓ Pratica 4

Your friend doesn't speak Italian so you order for both of you.

Cameriere	**Desiderano ordinare?**
You	*Yes, thank him and say that you will skip the hors d'oeuvre and have vegetable soup and roast lamb.*
Cameriere	**E come contorno?**
You	*As a side dish you will have fried artichokes and roast potatoes.*
Cameriere	**E il signore?**
You	*The gentleman will have stuffed vegetables and chicken cacciatora with salad.*
Cameriere	**Da bere?**
You	*Half a carafe of red house wine and half a bottle of mineral water.*

Castello di Spaltenna 53013 GAIOLE IN CHIANTI (SI) Tel. 0577/49483

C.I.P.A. COMPAGNIA ITALIANA PICCOLI ALBERGHI s.r.l. Dom. Fisc. Via V. Monti, 6 - MILANO	RICEVUTA FISCALE N. **1644** Art. 1 D.M. 13.10.79	XAR **30144 100**
Partita I.V.A. 06970410152	QUANTITÀ	CORRISPETTIVO
RISTORANTE		
COPERTO	4	**10.000**
VINI	1	**18.000**
MINERALE/BIBITE	1	**4.000**
ANTIPASTI	3	**41.000**
PRIMI PIATTI	2	**18.000**
SECONDI PIATTI	3	**60.000**
CONTORNI	3	**15.000**
FORMAGGI		
DESSERT	2	**12.000**
FRUTTA	2	**8.000**
CAFFÈ	4	**10.000**
BAR		
		£217.000
01/09/00		

🎧 Dialogo 4

Alla fine del pasto il cameriere ritorna con il menù.

Cameriere	Tutto bene?
Roberto	Sì, grazie.
Cameriere	Desiderano dolce, gelato, formaggio?
Chiara	Io vorrei un po' di frutta. Tu, Anne?
Anne	Anch'io preferisco frutta fresca.
Paul	Io prendo la zuppa inglese.
Roberto	Per me un gelato misto.
Cameriere	Dopo desiderano il caffè? Un digestivo?
Roberto	Quattro caffè e il conto per favore.

gelato misto	*ice cream of mixed flavours*

✅ Pratica 5

The waiter comes back with the menu.

Cameriere	**Tutto bene?**
You	*Say yes, thank you.*
Cameriere	**Desiderano un dolce?**
You	*You would like the home-made cake and for the gentleman some cheese.*
Cameriere	**Dopo desiderano un caffè? Un digestivo?**
You	*A liqueur, a coffee and the bill, please.*

✅ Un piccolo test

How would you say to the head waiter:

1 There is too much salt in the soup.
2 I would like some bread, please.
3 The chicken is cold.
4 The steak is not well done.
5 There is no pepper on the table.

16 | **VITA IN FAMIGLIA**
Family life

In this unit you will:

■ practise talking about family and home
■ express how you feel and say if one is right or wrong

Revisione

■ how to describe something – Unit 4
■ how to talk about the things you do – Unit 9
■ how to express preferences – Unit 4

Da capire Case e appartamenti

Casa significa *house* e *home*. Un edificio con appartamenti si chiama palazzo o condominio. Nei palazzi antichi, specialmente nel centro storico delle città, c'è ancora il portiere ma in quelli moderni, all'esterno, vicino all'ingresso principale, ci sono i campanelli di tutti i condomini e un citofono per comunicare con loro. Non tutte le persone posseggono l'appartamento in cui (*in which*) abitano: alcuni lo hanno in affitto. Affittare significa sia dare in affitto (*let*) che prendere in affitto (*rent*). Un appartamento con doppi servizi significa un appartamento con due bagni.

Ha capito?

Vero o falso?

		Vero	Falso
1	'Casa' può essere anche un appartamento.	☐	☐
2	Nei palazzi moderni c'è il portiere.	☐	☐
3	Tutti gli italiani hanno appartamenti in affitto.	☐	☐
4	Normalmente gli appartamenti hanno doppi servizi.	☐	☐
5	Affittare vuol dire 'dare' o 'prendere' in affitto.	☐	☐

Casa e giardino *House and garden*

il portiere	*doorman, janitor*
ingresso	*entrance*
campanello	*bell (push)*
condòmino	*co-owner*
condomìnio	*condominium*
citòfono	*intercom*
sia ... che	*both ... and*
dare/prendere in affitto	*to let/rent*
fiori (di campo)	*(wild) flowers*
àlbero	*tree*
erbe aromàtiche	*herbs*
aglio	*garlic*
cucina	*kitchen*

studio	study
salotto	living room
sala da pranzo	dining room
caminetto	fire place
mostrare	to show
portare	to bring/carry
aiutare a lavare i piatti	to help do the washing up
stirare	to do the ironing
spolverare	to do the dusting
rifare il letto	to make the bed

Animali domestici Pets

il cane/la cagna	dog/bitch
il gatto/la gatta	cat/female cat
l'uccello	bird

Expressing how you feel

essere felice	to be happy
triste	sad
stanco(-a)	tired
simpatico(-a)	pleasant
antipatico(-a)	unpleasant
preoccupato(-a)	worried
avere caldo	to be hot
freddo	cold
fame	hungry
sete	thirsty
ragione	right
torto	wrong
voglia di	feel like
bisogno di	need
d'accordo allora	that's settled then
con piacere	with pleasure
sono sicuro(-a)	I'm sure
ridere	to laugh
scherzare	to joke
contro	against/versus
una volta la settimana	once a week
che bel giardino!	what a beautiful garden!
chi lo cura?	who looks after it?
il giardiniere	gardener
l'orto	vegetable garden
più che altro	more than anything else
ho una passione per	I am very keen on
ha proprio l'atmosfera dei tempi passati	it really has the atmosphere of bygone times

ATTENTI AL CANE

Dialogo 1

Chiara ha invitato Francesca nella sua casa di campagna.

Francesca	Che bel giardino! Chi lo cura?
Chiara	Roberto ed io, quando siamo qui. Quando non ci siamo viene un giardiniere una volta la settimana. Più che altro noi curiamo l'orto. Io ho una passione per le erbe aromatiche: rosmarino, maggiorana, basilico... però mi piacciono anche i fiori di campo.
Francesca	Questo è aglio?
Chiara	Sì. Vieni, ti mostro la casa. Questa è la cucina: è un po' vecchia ma a noi piace.
Francesca	Ha proprio l'atmosfera dei tempi passati...
Chiara	Questo è il bagno, qui c'è il salotto... la sala da pranzo... al piano di sopra c'è la nostra camera e quella per gli ospiti, un piccolo studio e un altro bagno.
Francesca	Ah... vedo che avete il caminetto!
Chiara	Sì, qualche volta è un po' un problema. Vieni, andiamo in veranda.

Spiegazioni

1 **Che** can be used in exclamations:
   a before a noun to express *what (a)...!*
      che peccato! *what a pity!*   **che noia!** *what a nuisance!*
   b before an adjective to translate *how...!*
      che bello! *how nice!*   **che buffo!** *how funny!*

2 When **bello** *beautiful/nice/handsome* is followed by a noun, its ending imitates the definite article (**il**, **lo**, **la**, etc.).

bel fiore	*beautiful flower*	**begli occhi**	*beautiful eyes*
bell'idea	*nice idea*	**bei ragazzi**	*handsome boys*

Pratica 1

Answer these questions by re-shaping the question to form your answer.
Esempio (*example*): **Lei ha un giardino?** (*yes*) = **Sì, ho un giardino.**

a   Ci sono fiori nel suo giardino?   (*yes*)
b   Chi cura il giardino?   (*you*)
c   Ci sono alberi?   (*a few*)
d   Lei ha un orto?   (*yes*)
e   Preferisce curare il giardino o l'orto?   (*the vegetable garden*)
f   Che fiori preferisce?   (*wild flowers*)
g   La sua casa è antica o moderna?   (*old*)
h   Quante camere ci sono nella sua casa?   (*three*)
i   Quanti bagni ci sono?   (*two*)
j   C'è uno studio?   (*no*)
k   Il salotto c'è?   (*there are two*)

✓ Pratica 2

Using **Pratica 1** as an example practise (aloud) talking about your home:
casa/appartamento, camere, giardino, orto …

LA FAMIGLIA FERRARI

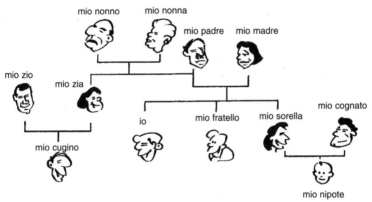

🎙 Dialogo 2

Sulla veranda Chiara mostra all'amica l'album delle fotografie di famiglia.

Chiara   Questa è mia sorella Giovanna.
Francesca   Io non la conosco.
Chiara   Ci vediamo poco perché abita a Verona. Questa è sua figlia:
                mia nipote Lorenza. Questo è mio cognato. Lui è di Roma
                ma abita a Verona da molti anni.
Francesca   Vedo che hanno un bellissimo cane.

Chiara	Sì, hanno anche un gatto e un canarino. La settimana prossima intendo andare a trovarli. Vuoi venire?
Francesca	Con piacere: ho bisogno di una vacanza e la settimana prossima sono in ferie.
Chiara	D'accordo allora. Prendi qualcosa da bere?
Francesca	Ho voglia di un gelato: ne hai?
Chiara	Sì, è nel freezer. È arrivata un'auto: devono essere Roberto, Sergio e Valentina.
Francesca	Non passano molte auto qui. I tuoi vicini come sono?
Chiara	Sono molto simpatici: lei è una biologa di Pavia, è divorziata. Lui è vedovo. È avvocato. (*to Roberto*) Hai portato la carbonella per il barbecue?

canarino	*canary*
in ferie	*on leave/on vacation*
vicino	*neighbour*
biologo	*biologist*
divorziato	*divorced*
vedovo	*widower*
carbonella	*charcoal*

✓ Pratica 3

Answer the questions in the same way as you did in Pratica 1.

a Lei ha fratelli e sorelle?   (*a brother and a sister*)
b Quanti anni ha suo fratello?   (*44*)
c E sua sorella?   (*38*)
d Che lavoro fanno?   (*your brother is a biologist, your sister is a lawyer*)
e Lei ha animali domestici?   (*a dog and a cat*)
f Quando va in ferie?   (*on July 15, for 3 weeks*)
g Come sono i suoi vicini?   (*they are pleasant*)

✓ Pratica 4

Practise talking about your family: one by one, say how they are related to you (cousins, in-laws, etc.), if you see them often, if they have pets … say as many things as you can think of.

💬 Dialogo 3

Dopo il barbecue le due coppie (*the two couples*) prendono il caffè e continuano la conversazione in salotto.

Sergio   Che tranquillità! Si sentono soltanto gli uccelli.

Chiara   Pensa che mia suocera quando viene qui non può dormire! Dice che qui è troppo tranquillo!

Francesca   Quando io sono triste preferisco essere in città.

Sergio   Triste? Tu non sei mai triste quando sei in campagna: ridi e scherzi tutto il giorno.

Francesca   È vero, io in campagna sto bene. Posso aiutare a lavare i piatti?

Chiara   Oggi tocca a Roberto!

Roberto   Sei sicura? Io li ho lavati ieri.

Chiara   È vero ma io ho stirato, spolverato, rifatto il letto…

Roberto   Va bene, ho capito: tocca a me!

✓ Pratica 5

How do the people in the pictures below feel?

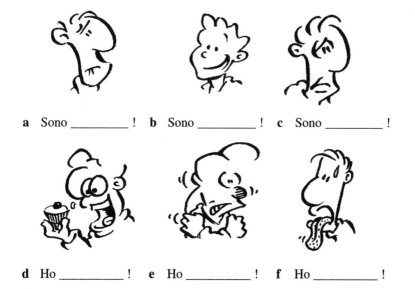

a Sono _____ ! **b** Sono _____ ! **c** Sono _____ !

d Ho _____ ! **e** Ho _____ ! **f** Ho _____ !

✓ Pratica 6

Many terms in this passage are similar to their English equivalents. Read it aloud and answer the questions.

Vivere insieme

La riforma legislativa del 1975 ha dato gli stessi diritti e gli stessi doveri sia al marito che alla moglie. La figura del marito quindi non è più quella di capofamiglia.

Il Parlamento italiano ha introdotto la possibilità di divorzio nel 1970 ma ha trovato l'opposizione di molti cattolici e nel 1974 è stato organizzato un referendum contro questa legge. Il voto popolare, però, ha confermato che il divorzio è accettato dalla grande maggioranza.

In Italia si può usare il termine *partner* in commercio o per descrivere il compagno o la compagna in relazioni sentimentali. Generalmente l'espressione *il mio compagno* o *la mia compagna* è usata da coppie che abitano insieme senza essere sposate.

diritto	*right*
il dovere	*duty*
il capofamiglia	*head of the household*
la legge	*law*
descrivere	*to describe*
insieme	*together*

Vero o falso?   **Vero   Falso**

a   In Italia il marito è capofamiglia.   ☐   ☐
b   La maggioranza delle persone è per il
    divorzio.   ☐   ☐

Un piccolo test

How would you say in Italian:

1   I am hot.
2   She is pleasant.
3   She is unpleasant.
4   He is tired.
5   He is right.
6   He is wrong.
7   I feel like an ice cream.
8   I need a holiday.

17 | MANTENERSI IN FORMA
Keeping fit

In this unit you will:

■ learn how to explain minor ailments to the doctor or chemist
■ practise talking about sporting activities
■ practise buying a ticket for the theatre

Revisione

■ how to talk about the things you do – Unit 9
■ how to say what you want to do – Unit 8
■ how to ask for something and how to ask the price – Unit 5

Read this passage aloud.

Da capire Il tempo libero

Nelle località turistiche ci sono divertimenti e spettacoli per tutti i gusti e tutte le età; musica, danze folkloristiche, gare. Chi è appassionato di teatro trova facilmente qualcosa da vedere. In ogni città (anche piccola) c'è un teatro ed è abbastanza facile trovare dei posti liberi. In estate ci sono molti spettacoli all'aria aperta alcuni dei quali sono sponsorizzati dalle autorità regionali e sono gratuiti. La Stagione dell'Opera inizia a dicembre e finisce a maggio o giugno. A Verona l'opera all'aria aperta ha luogo da luglio a settembre.

✓ Ha capito?

Scelga la risposta giusta *Choose the right answer*

1 Alcuni spettacoli sono
   a bellissimi ☐ **b** a ingresso libero ☐ **c** orribili ☐
2 Nelle località turistiche gli spettacoli sono
   a moltissimi ☐ **b** di buon gusto ☐ **c** facili ☐
3 Chi è appassionato di teatro
   a deve andare nelle piccole città ☐ **b** ha molta scelta ☐
   c trova posti da dicembre a maggio ☐

🔑 Salute e divertimenti
Health and entertainment

Sport	
giocare	*to play*
squadra	*team*
avversario	*opponent*
vincere	*to win*
perdere	*to lose*
pareggiare	*to draw*
partita	*match*
gara	*race, competition*
vela	*sailing*
palestra	*gymnasium*
sciare	*skiing*
m'impegno di più	*I concentrate more*
calcio	*football*
faccio il tifo per	*I support*
Ambulatorio *Doctor's surgery*	
mi sento male	*I feel ill*
non mi sento bene	*I don't feel well*
mi fa male ...	*my ... hurts*
ho mal di	*I have (a)*
testa	*headache*
denti	*toothace*
gola	*sore throat*
stomaco	*stomachache*
mare	*sea-sickness*
aria	*air-sickness*

tosse (f)	*cough*
taglio	*cut*
svenire	*to faint*
scottatura	*(sun) burn*
prendere una scottatura	*to get sunburnt*
puntura d'insetto	*insect bite/sting*
mi faccia vedere	*let me see*
la pelle	*skin*
prescrivere	*to prescribe*
da applicare	*to apply*

Medicine *Medicines*

compresse	*tablets*
pillole	*pills*
gocce	*drops*
supposte	*suppositories*
iniezione	*injection*
pomata	*ointment*
sciroppo	*cough mixture*
pasticche	*lozenges*

Spettacoli *Performances/shows*

divertimento	*amusement/entertainment*
rappresentazione (f)	*performance/show*
ingresso libero	*free admission*
commedia	*play*
posto	*seat*
platea	*stalls*
poltrona	*seat in the stalls*
galleria	*circle/balcony*
loggione (m)	*top balcony/the gods*
è tutto esaurito	*it's sold out*
per tutti i gusti	*for all tastes*
per tutte le età	*for all ages*
avere luogo	*to take place*
appassionato	*enthusiast*
facilmente	*easily*
molta scelta	*plenty of choice*

Dialogo 1

Anne va in ambulatorio.

Anne   Buongiorno dottore. Ieri sono stata tutto il giorno in barca e ho preso una scottatura. Ho usato la crema protettiva ma...

Dottore Mi faccia vedere. Vedo che ha la pelle irritata. Che sintomi ha?

Anne   Ho mal di testa, una leggera nausea e un po' di bruciore alla pelle.

Dottore Le prescrivo un impacco freddo da applicare alla pelle e una pomata emolliente. Per la nausea e il mal di testa prenda queste gocce tre volte al giorno prima dei pasti.

barca	*boat*
bruciore	*burning/stinging sensation*
impacco freddo	*cold compress*

✓ Pratica 1

Now answer these questions without looking at the dialogue.

a Che cosa ha preso Anne?
b La pelle com'è?
c Che sintomi ha?
d Quante volte al giorno deve prendere le gocce?
e Quali altre medicazioni deve prendere?

✓ Pratica 2

Re-arrange this dialogue between a gentleman and a chemist.

Signore	Ho mal di gola	(1)
Farmacista	Tre volte al giorno, lontano dai pasti.	(2)
Signore	Grazie, quant'è?	(3)
Farmacista	Ha anche la tosse?	(4)
Signore	Quando lo devo prendere?	(5)
Farmacista	Le do questo sciroppo	(6)
Signore	Sì, e catarro.	(7)
Farmacista	Quattro e sessanta.	(8)

  ## Dialogo 2

Roberto e Chiara sono alla spiaggia e chiacchierano (*chat*) con una coppia di americani.

Alan Lei pratica uno sport?

Roberto Gioco a squash e pratico un po' di vela. E Lei?

Alan Io faccio jogging tutte le mattine e due volte la settimana vado in palestra. E Lei, signora?

Chiara Io gioco a tennis. In inverno Roberto ed io andiamo a sciare. Facciamo anche molto nuoto: in estate al mare e in inverno in piscina.

Susan Anch'io gioco a tennis. Lei è brava?

Chiara Mah... non so, qualche volta gioco bene e qualche volta male. Dipende anche dall'avversario, se è bravo m'impegno di più.

Roberto Lo sport più popolare negli Stati Uniti è il baseball, no?

Alan Sì. In Italia è il calcio, non è vero?

Roberto È il calcio, sì. Io faccio il tifo per il Genoa e mia moglie per la Sampdoria: sono due squadre locali.

Chiara Eh, sì... quando c'è la partita fra le due squadre è un po' un problema... se il Genoa perde Roberto mette il muso per due giorni. Dice che la colpa è dell'arbitro!

è un po' un problema	it's a bit of a problem
mette il muso	he pulls a long face
la colpa è dell' arbitro ...	it's the referee's fault

✓ Pratica 3

Read the dialogue above again and answer these questions.

a   Qual è lo sport più popolare in Italia?
b   Quali sport pratica Chiara?
c   La vela è uno sport acquatico o di montagna?
d   Roberto e Chiara fanno il tifo per la stessa squadra?

✓ Pratica 4

Make up eight sentences relating the words in the box to the sports illustrated below. Esempio: **Il polo è uno sport difficile.**

il nuoto	la box	la maratona	il ciclismo

energetico
monotono
rilassante
brutale
facile
difficile
esilirante
pericoloso

la scherma	lo sci	il golf	l'alpinismo

Dialogo 3

Mr and Mrs Ross are booking two seats for a play. Is it possible for them to go on a Monday? What time is the performance?

Mr Ross	Vorrei prenotare due posti per la commedia di lunedì prossimo.
Impiegata	Mi dispiace ma non ci sono più posti: è tutto esaurito.
Mr Ross	Ci sono posti martedì?
Impiegata	Martedì abbiamo alcune poltrone in terza fila.
Mr Ross	Va bene per martedì, allora. A che ora comincia lo spettacolo?
Impiegata	Alle nove.

 Pratica 5

You wish to go to see Pirandello's play.

a When can you go?
b At what time does it start?
c Is there a matinée?
d Is the company local?

TEATRO DI GENOVA

AL GENOVESE
COMPAGNIE OSPITI

Da dopodomani ore 20,30

Teatro Stabile di Trieste presenta
SEI PERSONAGGI IN CERCA D'AUTORE
di Luigi Pirandello
regia di **Giuseppe PATRONI GRIFFI**
con
Mariano RIGILLO   Ilaria OCCHINI
Giovanni CRIPPA   Laura MARINONI
e con **Caterina BORATTO**
e la partecipazione straordinaria di
Vittorio CAPRIOLI

✓ Pratica 6

Read the passage below and then do the exercise.

Sport e medicina alternativa

L'Italia offre molte possibilità per stare bene o per migliorare la propria salute. Il clima temperato e le caratteristiche del terreno incoraggiano la vita all'aria aperta e le attività sportive in generale come il nuoto, lo sci, l'alpinismo e tutti gli altri sport di mare o di montagna. Inoltre la dieta mediterranea a base di verdura fresca, frutta e pasta, è molto apprezzata dai dietologhi.

La medicina alternativa comincia ad essere apprezzata da molti medici, farmacisti e pazienti e il Ministero della Sanità ha autorizzato una lista di piante ed erbe medicinali da usare come rimedio contro molte malattie e disturbi.

Per piccole indisposizioni gli italiani vanno in farmacia. Il farmacista è laureato ed ha molta esperienza nella preparazione delle medicine, inoltre ha la facoltà di venderne alcune senza la prescrizione medica secondo la sua discrezione. In zone lontane dagli ospedali il farmacista può fare servizio di pronto soccorso come medicazioni o iniezioni.

Ministero della Sanità	*Health Ministry*
pianta	*plant*
malattia	*illness*
medicazione	*dressing*
disturbo	*disorder*
pronto soccorso	*first aid*
essere laureato	*to have a degree*
secondo	*according to*
l'ospedale	*hospital*

	Vero	**Falso**

Vero o falso?

a La dieta mediterranea fa bene alla salute.   □   □

b Le cure a base di piante ed erbe sono state
   approvate dal Ministero della Sanità.   □   □

c Il farmacista ha molta discrezione.   □   □

✔ Un piccolo test

Can you say:

1 Two seats for the play.
2 What time does the opera start?
3 Do you do any sport?
4 Is the entrance free?
5 Have you two seats in the stalls?
6 Who is winning (wins)?
7 I play tennis.
8 I don't feel well.
9 I have a slight sunburn.
10 It is an insect bite.

18 CHE TEMPO FA?
What's the weather like?

In this unit you will:

■ practise talking about the weather and beach activities

Revisione

■ how to describe something – Unit 4
■ how to describe the things you do – Unit 9

With the help of the vocabulary on page 156 you should be able to understand the following passage. Read it aloud then answer the questions.

Da capire Il clima italiano

Il clima italiano è temperato ma con grandi differenze non soltanto tra il Nord e il Sud ma anche tra la costa e l'entroterra e tra la pianura e la montagna. Le Alpi attraversano il nord dell'Italia (da ovest a est) e gli Appennini attraversano la penisola da nord a sud. In inverno nelle Alpi fa freddo e il clima è asciutto con precipitazioni nevose e piogge scarse. In estate fa piacevolmente fresco.

Nelle regioni dell'Appennino (eccetto la Calabria) gli inverni possono essere rigidi (molto freddi) con precipitazioni abbondanti di neve e pioggia.

Nella Pianura Padana (*Po Valley*), la zona che include il Piemonte, la Lombardia e l'Emilia, il clima è freddo e umido durante l'inverno e afoso in estate.

Nella riviera ligure e lungo la costa del Mar Tirreno l'inverno è mite e l'estate è calda e asciutta.

✓ Ha capito?

1 Il clima italiano è uniforme?
2 Generalmente dove nevica in inverno?
3 Nella Pianura Padana il clima è buono?

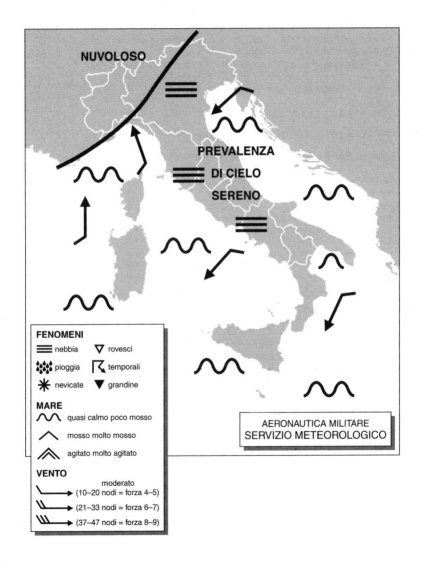

NUVOLOSO

PREVALENZA
DI CIELO
SERENO

FENOMENI
☰ nebbia ▽ rovesci
🌧 pioggia ↰ temporali
✳ nevicate ▼ grandine

MARE
∿ quasi calmo poco mosso
⌃ mosso molto mosso
⌃⌃ agitato molto agitato

VENTO
moderato
⟍→ (10–20 nodi = forza 4–5)
⟍→ (21–33 nodi = forza 6–7)
⟍→ (37–47 nodi = forza 8–9)

AERONAUTICA MILITARE
SERVIZIO METEOROLOGICO

✎ Il tempo *The weather*

che tempo fa?	*what's the weather like?*
fa bel tempo	*it's fine*
fa caldo	*it's hot*
c'è il sole	*it's sunny*
il cielo è sereno	*the sky is clear*
fa cattivo tempo	*it's bad weather*
fa freddo	*it's cold*
il cielo è coperto	*the sky is overcast*
è nuvoloso (nuvola)	*it's cloudy (cloud)*
c'è un temporale	*there is a storm*
c'è la nebbia	*it's foggy*
piove (pioggia)	*it's raining (rain)*
grandina (grandine)	*it's hailing (hail)*
nevica (neve)	*it's snowing (snow)*
precipitazioni nevose	*snowfalls*
tira vento	*it's windy*
lampeggia	*it's lightning*
tuona	*it's thundering*
tempo umido	*humid weather*
una giornata afosa	*a sultry day*
c'è una leggera brezza	*there is a light breeze*
entroterra	*inland*
la pianura	*the plains*
asciutto	*dry*
scarso	*meagre, scarce*
rigido	*severe*
mite	*mild*

🎧 Dialogo 1

Roberto e Chiara sono andati a fare un'escursione in montagna.

Chiara   Che ore sono?

Roberto   Le quattro e mezzo. È meglio cominciare a scendere. Guarda laggiù: c'è un temporale che si avvicina da est.

Chiara   Lo vedo: fra mezz'ora è qui. Grazie al cielo ho l'impermeabile tascabile nello zaino. Tu hai il tuo?

Roberto   Sì. Se camminiamo di buon passo fra mezz'ora possiamo raggiungere il rifugio.

              (*after twenty minutes*)

Chiara   Comincia a piovere. Presto… Grandina! Aiutooooo…!

scendere	*to go down*
guarda laggiù	*look over there*
si avvicina	*it is approaching*
grazie al cielo	*thank heavens*
l'impermeabile tascabile	*lightweight pocket mac (pack-a-mac)*
zaino	*rucksack*
di buon passo	*at a good pace*
rifugio	*mountain refuge*
aiuto!	*help!*

✓ Pratica 1

Fill in the spaces to indicate the weather shown in the pictures.

Esempi: **Il cielo è coperto. Grandina.**

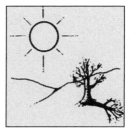  

a Il cielo è _____ .   **b** Il mare è _____ .   **c** Tira _____ .

d C'è un_____ .   **e** C'è la _____ .   **f** _____ .

✔ Pratica 2

What is the opposite of the following sentences?

a Oggi fa molto caldo.
b Il cielo è coperto.
c Fa cattivo tempo.
d Piove
e Il tempo è secco.
f La temperatura è bassa.

La spiaggia *The Beach*

il mare è calmo (agitato/mosso)	*the sea is calm (rough)*
nuotare	*to swim*
fare il bagno	*to bathe*
abbronzarsi	*to tan*
sdraio	*deck chair*
ombrellone (m)	*beach umbrella*
bagnino	*lifeguard*
il costume da bagno	*swimming costume*
asciugamano	*towel*
cabina	*bathing hut*
pericoloso	*dangerous*
sto a riva	*I stay close to the shore*
bandiera rossa	*red flag*
non lo permette	*he/she doesn't allow it*
sabbia	*sand*
palla	*ball*
aspetta un momento	*wait a moment*
occhiali da sole	*sunglasses*
perché/perché?	*because/why?*

Dialogo 2

Chiara e Francesca sono alla spiaggia con Valentina mentre Roberto e Sergio sono andati per funghi.

Francesca Valentina, ho dimenticato l'asciugamano in cabina, lo vuoi andare a prendere?
Valentina Sì, mamma. Dopo posso fare il bagno?
Francesca No.
Valentina Perché?
Francesca Perché il mare è troppo agitato.

Valentina	Ma io sto a riva.
Francesca	È pericoloso, non vedi che c'è la bandiera rossa? Il bagnino non lo permette.
Valentina	Che cosa faccio, allora?
Francesca	Gioca con la sabbia.
Chiara	Facciamo un castello.
Valentina	Il castello l'ho già fatto ieri.
Chiara	Allora giochiamo a palla. Aspetta un momento che metto gli occhiali da sole. Francesca, vuoi giocare anche tu?
Francesca	No, grazie, preferisco prẹndere il sole.

✓ Pratica 3

Previsioni del tempo. Here is the weather forecast for tomorrow. Will it be risky to take a boat trip along the northern riviera?

> Su tutte le regioni condizioni del tempo variạbili con tendenza alla scomparsa della nuvolosità durante il pomeriggio. Venti moderati al nord. Mari calmi o poco mossi con possibilità di un aumento del moto ondoso nelle regioni meridionali.

scomparsa	*disappearing*
nuvolosità	*cloudiness/clouds*
aumento del moto ondoso	*increase in wave motion*
meridionali/settentrionali	*southern/northern*

✓ Pratica 4

Match phrases **a–e** to phrases **i–v** to make complete statements.

a	Quando il mare è molto agitato…	**i**	vado sotto l'ombrellone.
b	Non voglio stare al sole…	**ii**	è pericoloso nuotare.
c	Vorrei abbronzarmi	**iii**	ma non c'è vento.
d	Vorrei fare un po' di windsurf…	**iv**	ma non c'è sole.
e	Vorrei affittare una sdraio…	**v**	e un ombrellone per oggi.

✔️ Pratica 5

Read the passage below and answer the questions.

Ferie d'agosto

Durante la prima metà di agosto le fabbriche e gli uffici chiudono e la maggior parte degli italiani va in vacanza. Tra gli ultimi giorni di luglio e i primi giorni di agosto il traffico sulle strade è impossibile e anche pericoloso. Per entrare in autostrada bisogna fare ore di coda ai caselli. Per quindici giorni le grandi città sono deserte e le località di villeggiatura sono estremamente affollate.

Il 15 agosto è la festa dell'Assunta. Questa festa è stata estesa ai giorni che precedono e seguono il giorno 15 e si chiama festa di Ferragosto. Dopo il Ferragosto tutti ritornano al lavoro e sulle strade ritornano gli ingorghi e gli incidenti.

la metà	half
la fabbrica	factory
ultimo	last
casello	toll-booth
affollato	crowded
l'Assunta	Assumption day
seguire	to follow
l'ingorgo	traffic jam
l'incidente	accident

a   In quale periodo i posti di villeggiatura sono più affollati?
b   Per usare l'autostrada bisogna pagare?
c   Quando finiscono le vacanze per molti italiani?

✔️ Un piccolo test

	Vero	Falso
Vero o falso?		
a Quando il cielo è coperto ci sono molte nuvole.	☐	☐
b Quando fa molto caldo generalmente grandina.	☐	☐
c Quando la temperatura è alta fa molto freddo.	☐	☐
d È preferibile fare il bagno quando il mare è calmo.	☐	☐
e Per nuotare è necessario andare in piscina o al mare.	☐	☐
f La bandiera rossa indica che il mare è calmo.	☐	☐

19 | **IL PIENO, PER FAVORE**
Fill it up, please

In this unit you will:

■ learn some basic motoring phrases, including asking for petrol
■ practise some expressions required in an emergency

Revisione

■ how to ask for the price of something and how to state quantities –
Unit 5
■ numbers – Units 3, 4 and 5
■ how to make comparisons – Unit 8

🔑 Automobile/auto/macchina *Car*

UE (Unione europea)	EU (European Union)
l'autovettura	car
noleggiare un'auto(mobile)	to rent a car
chilometraggio illimitato	unlimited mileage
il distributore di benzina	petrol station
benzina senza piombo	unleaded petrol
il pieno, per favore	fill it up, please
super o senza piombo?	four-star or unleaded?
mancare	to lack/be short of
gasolio	diesel fuel
ho un guasto alla macchina	my car has broken down
cambiare una gomma	to change a tyre
ho una gomma a terra	I have a flat tyre
batteria	battery
il radiatore	radiator
può controllare l'acqua?	can you check the water?
l'olio?	the oil?
le candele?	the plugs?
pulire il parabrezza	to clean the windscreen
posteggiare/parcheggiare	to park
divieto/vietato	forbidden/prohibited
zona di rimozione forzata	tow-away zone
la rete	network
la galleria	tunnel
il casello	toll booth
il pedaggio	toll
la lunghezza	length
il viaggio	journey, trip
la cilindrata	engine capacity
collegare	to link
evitare (evitando)	to avoid (avoiding)
la patente	driving licence
il sottopassaggio	subway, underpassage

Emergenza *Emergency*

aiuto!	help!
permesso!	let me through!
presto!	hurry!/quick!
attenzione!	look out!
guardi!	look!
ascolti!	listen!
chiami un' ambulanza	call an ambulance
la polizia	the police
il vigili del fuoco/i pompieri	the firemen
pronto soccorso	casualty department/first aid

In caso di emergenza telefonare al 113. Vigili del fuoco 115. Ambulanza 118. Carabinieri 112.

Listen to, or read aloud, the passage below, then answer the questions. Some new words are similar to their English equivalents.

Da capire Autostrade e superstrade

La rete autostradale in Italia è lunga più di 5.000 chilometri. La natura del terreno, per la maggior parte montagnoso, richiede la costruzione di molti ponti e gallerie con il conseguente investimento di molti capitali. Prima di entrare in autostrada bisogna fermarsi al casello e ritirare il biglietto. All'uscita bisogna pagare il pedaggio. Il costo del pedaggio dipende dalla lunghezza del percorso (*length of the journey*) e dalla cilindrata dell'automobile. In alcune autostrade si può pagare con la carta di credito. Nella maggior parte delle autostrade, si può pagare il pedaggio con VIACARD, una carta magnetica che si compra ai caselli, nelle aree di servizio ed in certe banche ed uffici turistici. La velocità massima in autostrada è di 130 chilometri.

Le superstrade sono strade simili alle autostrade che collegano le città tra loro, evitando i centri abitati. Nelle superstrade non si paga il pedaggio.

Ha capito?

1 Il pedaggio si paga all'entrata o all'uscita?
2 Si può pagare con la carta di credito in tutte le autostrade?
3 Prima di entrare in un'autostrada bisogna fermarsi?

Now that you have an idea of how motorists use the Italian motorways, try and imagine how you might describe how British roads are organised.

Dialogo 1

Roberto e un suo collega (*colleague*) vanno a Roma in auto per lavoro. Durante il viaggio …

Roberto   Devo fare benzina.
Collega   C'è un distributore a circa due chilometri.
              (*The car stops at the petrol station.*)
Roberto   Il pieno, per favore.
Benzinaio Super or senza piombo?
Roberto   Senza piombo. Può controllare l'acqua e l'olio, per favore?
Benzinaio L'olio va bene. Manca un po' d'acqua.
              (*He tops up the water.*)
Roberto   Grazie. Quant'è?
Benzinaio Cinquanta euro per la benzina.
Robert   E per l'acqua?

Benzinaio	Per l'acqua niente. Aspetti un momento che pulisco il parabrezza.
Roberto	Grazie, Buongiorno.

✓ Pratica 1

You stop at a petrol station.

You	*Say fill it up, please.*
Benzinaio	**Super o senza piombo?**
You	*You want four star.*
Benzinaio	*(Seeing that you've come a long way.)* **Vuole un controllo all'acqua nel radiatore?**
You	*Say no thanks, the water is OK; can he check the oil?*
Benzinaio	*(He checks the oil.)* **L'olio va bene.**
You	*Ask him if he can clean the windscreen.*
Benzinaio	**Certamente. Ecco**
You	*How much is it?*

Pratica 2

You want to rent a car and you go to an **autonoleggi**.

You	*Say that you would like to rent a car.*
Impiegato	**Che tipo di auto desidera?**
You	*You want a small car.*
Impiegato	**Una Seicento va bene?**
You	*Say yes a Seicento is OK and ask him if it has unlimited mileage.*
Impiegato	**Sì. Chilometraggio illimitato.**
You	*Ask him how much it costs per day.*
Impiegato	**Trentaquattro euro al giorno.**
You	*Ask him if the petrol is included.*
Impiegato	**No. La benzina non è mai inclusa.**

Pratica 3

Avvisi e cartelli Notices and signs

a   i   Can you park a truck in this car park?
    ii   Is there a car park attendant?
   iii   Can you park on Wednesdays?
   iv   How long could you stay for 600 lira?

a

b i What is likely to happen if you stop your caravan here?

ii Will cars receive the same treatment?

veicoli da campeggio
autocarri - roulottes
campers - etc.

rimozione forzata

SOSTA CONSENTITA
AUTOVETTURE
NEI LIMITI SEGNATI

b

c i What does this railway sign mean?

ii What alternative is provided?

è vietato
attraversare
i binari

sottopassaggio
←◀

c

Dialogo 2

Un signore anziano è svenuto sul marciapiede in una via di Firenze. Un gruppo di persone si forma.

Passante (*to another passer-by*) Guardi! Quel signore è svenuto! Bisogna chiamare un dottore.

Dottore Permesso! Io sono dottore. È meglio chiamare un'ambulanza.

Passante Presto! Chiamate un ambulanza.
(*an ambulance arrives*)

Dottore Portatelo al pronto soccorso.

svenire	to faint
il marciapiede	pavement
portatelo	take him
formarsi	to form

Pratica 4

a Someone calls for help: what does he/she say?
  i **presto!**   ii **guardi!**   iii **aiuto!**

b Someone is about to step on a banana skin: what do you say?
  i **ascolti!**   ii **guardi!**   iii **attenzione!**

c You run for the bus but your Italian friend lags behind:
  i **permesso!**   ii **aiuto!**   iii **presto!**

di colore blu

di colore verde

 Pratica 5

Read the following passage.

Guidare in Italia

In Italia si guida sulla destra ed è obbligatorio avere uno specchio nella parte sinistra della macchina. Inoltre è obbligatorio tenere in auto il triangolo (*warning triangle*) da usare in caso di guasto. Se si ha un guasto alla macchina si deve telefonare al numero 116, dire dove si è e dare il numero di targa dell'auto.

In Val d'Aosta è anche necessario avere le catene (*snow chains*) se si viaggia dalla metà di ottobre alla fine di aprile. Nei centri abitati la velocità massima è di 50 chilometri all'ora. I segnali stradali che indicano le autostrade sono verdi e il numero dell'autostrada è preceduto da A (per autostrada), per esempio l'A1 è l'autostrada Milano-Napoli; i segnali indicanti le strade statali (*A roads*) sono blu e il numero della strada è preceduto da SS (Strada Statale).

guidare	*to drive*
specchio	*mirror*
numero di targa	*registration number*
automobilista	*motorist, driver*

Vero o falso?   **Vero**   **Falso**

a In Italia è obbligatorio avere uno specchio
nella parte destra della macchina.   ☐   ☐

b È necessario avere le catene in estate.   ☐   ☐

c La velocità massima in città è di 50 chilometri
all'ora.   ☐   ☐

d La Viacard è obbligatoria.   ☐   ☐

✓ Un piccolo test

Can you say?

1 Fill it up, please.
2 Can you check the oil?
3 Can you change the tyre?
4 Quick, call the fire brigade!
5 I'd like to rent a car.
6 10 Euros of petrol.
7 30 litres of diesel.
8 I have a flat tyre.

20 | CHE COSA SCRIVO?
What shall I write?

In this unit you will:

◼ learn how to write a letter to book a room at a hotel
◼ make a telephone call to your hotel to confirm your booking
◼ practise writing a short note
◼ practise filling in a form

Revisione

◼ how to say who you are – Unit 2
◼ how to ask for something and ask the price – Unit 5
◼ how to say what has happened – Unit 10

ISOLA D'ELBA
PORTO AZZURRO (LI)
Panorama

24.7.01

Cari Paul e Anne,
   Come va? Siamo qui per
un congresso.
Le vacanze sono finite!
Quando venite in Italia?
 Affettuosi saluti.
          Chiara e Roberto

Paul & Anne Dean
10 Firle Close
London W1R 8AY
Inghilterra

You may be able to get the gist of this passage without referring to the vocabulary at the end of the book. If you do, congratulations: you really are a proficient student!

Da capire La lingua ufficiale

L'Italia è un paese burocratico e la lingua ufficiale riflette questa caratteristica. Gli avvisi pubblici negli uffici, nelle stazioni ferroviarie, nelle scuole, nelle università e in molti altri luoghi pubblici, sono scritti in una lingua burocratico-amministrativa tipicamente italiana. È una lingua impersonale e distante che si rivolge ad un cittadino anonimo. Per esempio: **NON CALPESTARE L'ERBA** (*keep off the grass*) **VIETATO FUMARE** (*no smoking*).

rivolgersi a	*to address someone*
cittadino	*citizen*
calpestare	*to trample*
vietato	*forbidden*

Ha capito?

Vero o falso?

		Vero	Falso
a	Gli avvisi pubblici sono scritti in due lingue.	☐	☐
b	La lingua ufficiale italiana è una lingua fredda.	☐	☐
c	I cittadini non possono fumare.	☐	☐

Una lettera per prenotare una camera
A letter to book a room

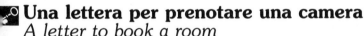

scrivere, scritto	*to write, written*
leggere	*to read*
data	*date*
Direzione	*director's office*
vi prego di comunicarmi	*please let me know*
prezzo giornaliero	*price per day*
in attesa di una Vostra risposta	*awaiting your reply*
porgo/porgiamo	*I express/we express*
distinti saluti	*yours faithfully/truly*
alleghiamo	*we enclose*

Lẹttera per prenotare una camera *Letter to book a room*

---

34 Castle Drive
Brighton
England
BN1 OAA
15 luglio 2001

Spett.le Direzione Albergo Casmona.

Desidero prenotare una camera matrimoniale
con bagno e una camera a un letto con doccia
per cinque notti dal 3 al 7 settembre.

Vi prego di comunicarmi il prezzo giornaliero
per persona, pensione completa, e anche se
offrite riduzioni per bambini.

In attesa di una Vostra risposta porgo distinti
saluti.

R.S. Bentley

🔲 Spiegazioni

Written Italian, particularly business correspondence, can be quite formal and often expressions will not have an exact equivalent in English or, if they do, it may sound quite obsolete. This is the case with **Spettạbile** (used when addressing a firm in a letter and always abbreviated to **Spett.le**) which literally means *respectable*. When addressing a specific person in the firm you would use **Egregio Signore** *Dear Sir*, **Egregio Direttore** (to a manager or director) or **Gentile Signora** *Dear Madam*.

When wrting to a hotel or a firm you address them in the plural form: **Voi** (*you*) and you use **Vostro/Vostra**, written with the capital letter, for *your*. This is shortened to **Vs/**.

La risposta *The answer*

HOTEL RISTORANTE
CASMONA
DIREZIONE PEPPINO TREBIANI

16032 CAMOGLI – PASSEGGIATA A MARE – VIA
GARIBALDI, 103 – TELEF. 0185-770015 – 770016

Egregio signor Bentley,

Confermiamo la prenotazione per una camera matrimoniale con bagno e una camera singola con doccia dal 3/9/01 al 7/9/01.

Alleghiamo il dépliant con i nostri prezzi.

Ringraziando per la preferenza accordataci porgiamo distinti saluti.

dépliant	*leaflet*
ringraziando per la preferenza accordataci	*thanking you for your custom*

✓ Pratica 1

Write a letter in Italian to the hotel whose address is given above. You wish to book a room with twin beds and bathroom for seven nights from 15 to 21 April. Ask for the price per day per person, half board, and also if they give reductions for children. Remember to close the letter in the Italian way.

Una telefonata *A telephone call*

pronto	*hello*
chi parla?	*who is speaking?*
ho sbagliato numero	*I dialled the wrong number*
dire	*to say/to tell*
purtroppo	*unfortunately*
esattamente	*exactly*
immaginare	*to imagine*
a dopodomani	*see you the day after tomorrow*
per avermi informato	*for having informed me*
Espressioni utili *Useful expressions*	
Posso/Vuole lasciare un messaggio?	*May I/Do you wish to leave a message?*
Mi dispiace, in questo momento non c'è	*I am sorry s/he is not here at at the moment*

Dialogo 1

 Mrs Bentley deve telefonare all'albergo e dire che lei ed il marito arrivano con un giorno di ritardo.

Impiegata	Pronto. Albergo Casmona.
Mrs Bentley	Pronto. Buongiorno, sono la signora Bentley. Abbiamo una prenotatzione nel vostro albergo per domani ma purtroppo domani non possiamo venire. Telefono per dire che arriviamo dopodomani.
Impiegata	Va bene signora Bentley. A che ora arrivano?
Mrs Bentley	Non so esattamente ma immagino verso le tre del pomeriggio.
Impiegata	Grazie per avermi informato, signora. A dopodomani.
Mrs Bentley	Grazie a Lei. A dopodomani.

✓ Pratica 2

You are Mr Bentley and decide to call the Casmona Hotel to confirm your arrival (**il mio arrivo**) for tomorrow.

You	*Hello.*
Impiegata	**Pronto. Albergo Casmona. Chi parla?**
You	*You are Mr Bentley, you have a booking at their hotel for tomorrow.*
Impiegata	**Prego?**
You	*Say your name again and that you have two rooms booked for tomorrow.*
Impiegata	**Il signor Ben…?**
You	*Spell: B-e-n-t-l-e-y. Bentley!*
Impiegata	**Ah, il signor Bentleeeey!**
You	*Yes, you (will) arrive tomorrow evening.*
Impiegata	**Benissimo, signor Bentley. Grazie e arrivederla.**
You	*Thank her and bid her good evening.*

Un modulo da compilare *A form to fill in*

imparare	*to learn*
iscriversi	*to enrol*
frequentare	*to attend*
corso di lingua italiana	*course of Italian language*
rimborso	*refund*
regolamento	*rule/regulations*

Se desidera frequentare un corso di lingua italiana in Italia deve compilare un formulario d'iscrizione.

✓ Pratica 3

a See if you can fill in this form with your details and requirements.

b This **Regolamento** may appear rather daunting but if you study it carefully you may well be able to answer the following questions. First look at each question before 'scanning' for the answer.

i **È possibile frequentare il corso per una settimana?**

ii **È possibile pagare alla fine del corso?**

iii **Se lo studente arriva in ritardo può avere un rimborso?**

iv **È possibile frequentare il corso nei giorni di festa nazionale?**

FORMULARIO D'ISCRIZIONE ——

NOME E COGNOME
_____ M ☐   F ☐
DATA DI NASCITA   NAZIONALITÀ
INDIRIZZO DI CASA
_____ TELEFONO
PROFESSIONE
INDIRIZZO DI LAVORO
_____ TELEFONO

TIPO DI CORSO   CODICE
PER IL PERIODO DAL   AL

DESIDERO UN ALLOGGIO   SI ☐   NO ☐
CAMERA SINGOLA ☐   CAMERA DOPPIA ☐
FUMATORE ☐   NON FUMATORE ☐
ALLERGICO/A

HO SAPUTO DI ITALIAIDEA DA
CONOSCO LA GRAMMATICA ITALIANA A LIVELLO:
ELEMENTARE ☐   INTERMEDIO ☐   AVANZATO ☐
PARLO ITALIANO A LIVELLO:
ELEMENTARE ☐   INTERMEDIO ☐   AVANZATO ☐

■ ITALIAIDEA REGOLAMENTO

1) La durata minima dei corsi di gruppo è di 2 settimane.

2) Il pagamento deve essere effettuato interamente entro la prima settimana del corso.

3) In caso di ritardo, discontinuità o interruzione della frequenza alle lezioni non vengono effettuati né riduzioni né rimborsi.

4) Il rimborso degli anticipi per il pagamento del corso e/o alloggio viene effettuato soltanto se la disdetta della prenotazione perviene ad ITALIAIDEA entro 4 settimane dall'inizio del corso.

5) La scuola resterà chiusa nei giorni di festa nazionale, civile e religiosa.

6) La scuola si riserva il diritto di cancellare un corso di gruppo se non si raggiunge il numero minimo di partecipanti.

DATA

FIRMA

🔑 Un promemoria *A memo/note*

lasciare	*to leave*
ricordare	*to remember, to remind*
dimenticare	*to forget*

Manuela telefona alla sua amica Chiara ma lei non c'è. Roberto risponde e lascia una nota per Chiara.

> *Manuela ha telefonato. Vuole sapere se ricordi il nome della signora Ruffo. Io adesso devo uscire. Torno alle sei e mezzo.*
> *P.S. Ho dimenticato di comprare i fiori per la mamma. Li puoi comprare tu?*

✓ Pratica 4

Imagine you are Chiara and you pop home for a moment during lunch-time. You see the note Robert left. Write one for him saying that you will buy the flowers and you will be back at 7.00. (Seven words!). Remember you can use the present tense.

✓ Un piccolo test

How would you say:

1 I must write a letter.
2 Hello, who is speaking?
3 I dialled the wrong number.
4 I don't remember.
5 I forgot.
6 I wish to learn the language.
7 I want a refund.

Congratulations!

You have completed *Teach Yourself Beginner's Italian* and are now a competent speaker of basic Italian. You should be able to handle most everyday situations on a visit to Italy and to communicate with Italian people sufficiently to make friends. If you would like to extend your ability so that you can develop your confidence, fluency and scope in the language, whether for social or business purposes, why not take your Italian a step further with the full *Teach Yourself Italian* course? To find out more about Italy itself you might like to read *Teach Yourself Italian Language, Life and Culture*.

RISPOSTE
Key to the exercises

Unità 1

Pratica

1 a buonasera signorina **b** buongiorno signora **c** buonanotte signore **2** buonanotte **3** no, grazie **4** scusi; prego; prego?; parli più lentamente; parla inglese? **5 a** mi dispiace **b** buonasera **c** prego **d** bene grazie **e** per favore **f** E Lei?

Un piccolo test

1 scusi **2** buonasera **3** prego **4** prego? **5** mi dispiace **6** bene, grazie. E Lei? **7** parla inglese? **8** parli più lentamente (per favore)!

Unità 2

Attività

1 Come sta? **2** Non c'è male **3** Buonasera signora! **4** Parli più lentamente! **5** Mi dispiace! **6** Prego? **7** Buonanotte! **8** Parla italiano?

Practica

1 a questo **b** questa **c** questa **d** questo **e** questa **f** questa **2** Mi chiamo (*your name*) E Lei, come si chiama? **3** Sì, parlo inglese e italiano **4 a** James non parla italiano **b** Non sono Francesca **c** Non parlo francese **d** Valentina non parla tedesco **e** Questo non è il signor Lupi **f** Non sta bene? **5 a** la **b** la **c** la **d** il **e** il **f** il **g** la **h** il **i** la **6 a** una **b** un **c** un **d** una **e** un **f** un **g** un **h** una **i** un **7** tedesco canadese portoghese inglese svizzera gallese austriaca irlandese scozzese americana spagnolo francese

Un piccolo test

Chi è?; Buongiorno signor Gucci, come sta?; Non c'è male, grazie. Si accomodi; questo è mio marito/questa è mia moglie; Piacere.

Unità 3

Attività

Chi è?; S'accomodi; Grazie; Questo è suo marito?; Si, questo è Sergio; Piacere; Piacere, s'accomodino; Parla inglese?; Si, parlo inglese ma non troppo bene. Preferisco parlare italiano.

Dialoghi

3 Francesca is married with a six year old daughter **4** Sergio lives in Genoa at 15 Roma Street in the town centre near Garibaldi Square.

Pratica

1 a la **b** la **c** il **d** il **e** il **f** il **g** non capisco **2 a** in **b** a **c** in **d** a **e** in **f** a **3 a** È italiano? **b** Di dov'è? **c** Io sono (*your name*) e Lei, come si chiama? **4 a** cameriere **b** mẹdico **c** segretaria **d** portiere **e** studente **f** infermiera

Un piccolo test

1 è sposato? **2** ha figli? **3** quanti figli ha? **4** che lavoro fa? **5** è italiano? **6** dove ạbita?

Unità 4

Attività

1 mi chiamo …; sono …; ạbito a …; in via …; il mio numero di telefono è …; ho … anni; sono/non sono sposato/sposata; ho un figlio/una figlia; si chiama …; ha … anni *or* ho … figli/figlie; si chiamano … e …; hanno … e … anni **2** non capisco

Pratica

1 Questa birra è fresca! Questa strada è lunga! Questo biscotto è dolce. Questo caffè è molto caldo! Questo gelato è molto freddo! **2** leggero; alto; anziano; lungo; pieno; piccolo; vecchio **3** il limone è giallo; la banana è gialla; la carne è rossa; l'erba è verde; i limoni sono gialli; le banane sono gialle **4** cinque più sei fa undici; venti più ventuno fa quarantuno; sette meno tre fa quattro; venti meno quindici fa cinque; sette per dieci fa settanta; sei per sette fa quarantadue; cinquecentocinquanta diviso due fa duecentosettantacinque; mille diviso cinque fa duecento **5 a, b, c,** sì, c'è; **d, e, f** si, ci sono **6 a, b, c,** no, non c'è; **d, e, f** no, non ci sono **7 a, c, d, f, g,** no, non mi piace; **b, e, h** no, non mi piacciono **8 a** Sì, mi piace ma preferisco i biscotti **b** Sì, mi piacciono ma preferisco le mele **c** Sì, mi piace ma preferisco andare a teatro **d** Sì, mi piace ma preferisco il tè **e** Sì, mi piacciono ma preferisco le torte **f** Sì, mi piace ma preferisco la birra **g** Sì, mi piace ma preferisco il pesce **h** Sì, mi piacciono ma preferisco la frutta

Un piccolo test
1 che cos'è questa? **2** è buono? **3** qual è la sua auto(mobile)? **4** c'è l'acqua? **5** ci sono i limoni? **6** di che colore è il mare? **7** Le piace questo vino?

Unità 5

Attività
1 c'è un telefono qui? **2** dov'è il Caffè Biffi? **3** c'è una banca qui vicino? **4** una birra e un panino **5** c'è una toeletta qui?

Pratica
1 a alimentari/drogheria **b** fruttivendolo **c** carne *meat* **d** pescheria **2 a** c'è un supermercato qui vicino?; c'è una banca qui vicino? c'è una farmacia qui vicino?; c'è un ufficio turistico qui vicino?; c'è una libreria qui vicino? **b** devo andare in banca; vado in drogheria; devo andare dal fruttivendolo **3 a** mezzo chilo di pomodori maturi; cinque banane **b** quanto costa un etto di prosciutto crudo? quanto costa un litro di latte?; quanto costa mezzo litro di vino? **c** quant'è in tutto? **4** Alimentari: un pacco di spaghetti, mezzo chilo di zucchero, acqua minerale, una scatola di tonno, una scatola di pomodori. Panetteria: due fette di torta di mele, un chilo di pane. Ufficio Postale: francobolli. Farmacia: aspirine **6 a** F **b** F **c** V

Un piccolo test
1 Desidera altro? **2** Quanto costa? **3** Dove deve andare? **4** È caro? **5** Dove devo pagare?

Unità 6

Dialoghi
1 Too early **2** 3.30pm **3** Garibaldi Square; yes **4** No. No.

Pratica
1 a no **b** Sunday **2 a** no **b** Thursday at 9pm **3 a** Scusi, a che ora apre la farmacia? **b** A che ora comincia lo spettacolo? **c** A che ora aprono i negozi la mattina? **4 a** Domani mattina **b** Dopodomani sera **c** Ieri mattina **d** Oggi pomeriggio **e** Domani sera **5 a** quando **b** è troppo presto **c** quando **d** più tardi **e** chiusi

Un piccolo test
1 A che ora chiudono i negozi la sera? **2** C'è una farmacia aperta la domenica? **3** Quando chiudono i negozi di generi alimentari? **4** I bar aprono la domenica? **5** I supermercati chiudono il mercoledì pomeriggio?

Unità 7

Attività
1 È tropo presto, i negozi aprono alle tre e mezzo **2** a che ora chiudono i negozi il sabato pomeriggio? **3** Quando finisce lo spettacolo? **4** Quanto dura il film? **5** Parto fra una settimana

Dialoghi
1 No, at 13.15 (quarter past one); no **2** Como; no with her seven-year-old daughter

Pratica
1 Domani mattina; andata e ritorno; no, prima; sì, ecco **2 a** ferma in tutte le stazioni **b** va a Losanna **c** ferma a Parigi **3 a** un biglietto di andata e ritorno per Roma **b** a che binario arriva il treno da Genova? **c** il biglietto è valido per due mesi **d** a che ora parte l'InterCity per Firenze? **e** vorrei sapere l'orario festivo **f** va direttamente o devo cambiare? **g** il treno viaggia con alcuni minuti di ritardo **4** il prossimo treno per Roma parte alle dieci e (zero) due; Bisogna cambiare a Padova; La coincidenza è alle undici e arriva a Roma alle diciotto e trenta; No, è un InterCity; Sì, bisogna prenotare il posto; Andata?; Due mesi; Prima o seconda (classe)? **6 a** [R] **b** It runs on Saturdays and holidays

Un piccolo test
1 L'InterCity delle 10.04   2 Sì   3 Sì   4 Va
direttamente   5 No, è facoltativa   6 a è un
treno con servizio di trasporto invalidi su
sedia a rotelle **b** fa servizio di prima e
seconda classe **c** proviene da Napoli **d** si
chiama Capodimonte

Unità 8

Attività
Il treno da Milano delle sette e cinquanta è
in ritardo? Sì, viaggia con venti minuti di
ritardo. A che binario arriva? Arriva al
binario sette.

Dialoghi
2 the large one

Pratica
1 a io voglio andare a fare una passeggiata **b**
io preferisco andare al cinema **c** io voglio
andare al mare **d** io preferisco stare in città **e**
io voglio andare a casa   2 **b** Bruno
preferisce andare al cinema **c** Giovanni vuole
andare al mare **d** Franco preferisce stare in
città **e** Barbara vuole andare a casa!   3
voglio/posso/preferisco/devo: vedere Maria;
guardare la televisione; andare domani/a
casa/a Roma; uscire domani; stare a casa/a
Roma   4 **b** ne ho una; **c** ne prendo otto; **d** ne
voglio un etto **e** ne ho ventotto **f** ne ho due
5 **a** migliore **b** peggio **c** peggiore **d** di più **e**
(di) meno   6 caro; più caro; meno cari

Un piccolo test
1 Qual è il migliore?   2 Quale mi
consiglia?   3 Non voglio un vino dolce   4
Voglio spendere (di) meno   5 Preferisco
questo   6 Ne voglio tre litri

Unità 9

Attività
1 no   2 preferiscono uscire il più possibile
3 in centro   4 parlano dei loro problemi; di
sport, di politica e di argomenti di attualità
5 l'aperitivo   6 in montagna o al mare.

Pratica
1 A che ora ti svegli la mattina? E a che ora
ti alzi? A che ora esci? Esci da sola? Fate
colazione insieme?   2 Chi prepara la
colazione? Valentina fa colazione con voi?
Valentina esce con voi: non è troppo presto
per lei?   3 **a** F **b** V **c** F **d** V **e** F **f** F **g** F   4 **a**

sveglia **b** alza **c** rade **d** veste **e** colazione **f**
escono   5 **a** sempre **b** mai **c** spesso **d**
qualche; altre **e** nessuno? **f** nessuno **g** niente
h qualcuno   6 **a** c'è nessuno? **b** non
conosco nessuno **c** va spesso per funghi? **d**
va mai in città?

Un piccolo test
Si veste sempre male e non si pettina mai.
Parla sempre e non ascolta mai. Guarda
sempre la televisione e non lavora mai. Si
diverte sempre e non studia mai. Sa sempre
tutto e non ubbidisce mai.

Unità 10

Attività
1 Ci sono circa 57 milioni di abitanti   2 Ci
sono venti regioni   3 Nel 1861   4 Sì   5
No   6 Perché sono state le capitali della
loro regione.

Pratica
1 **a** mi sono alzato(-a) presto **b** ho fatto
colazione alle sette e mezzo (or e trenta) **c**
ho letto un giornale italiano **d** ho chiamato
un tassì **e** sono andato(-a) al museo **f** sono
uscito(-a) dal museo **g** sono andato(-a) in
banca **h** sono ritornato(-a) all'albergo   2
svegliati; sono alzato; sono andato; ho
portato; sono lavato; sono vestito; sono
alzata; sono lavata; sono vestita; ho
svegliato   3 No, siamo inglesi; Siamo
arrivati questa mattina; No, questa è la
prima volta; Di dov'è Lei?; Siamo stati a
Firenze per una settimana; Sì, fa troppo
caldo così abbiamo deciso di venire qui   4
a specialmente **b** lentamente **c** normalmente
d possibilmente **e** direttamente **f**
terribilmente **g** chiaramente

Un piccolo test
1 In appartamenti   2 No   3 Gli edifici (*or:*
Quelli) vecchi   4 No   5 Ha aumentato la
tassa sulla seconda casa   6 No

Unità 11

Ha capito?
1 carne; verdura; vino   2 sì   3 l'abbigliamento

Cereali integrali
1 in the external part   2 pesticides and
chemicals   3 wholemeal cereals grown
without pesticides

Pratica

1 Che ripeno è? Ne prendo due porzioni; Poi vorrei una porzione di pollo arrosto e una porzione di insalata di pesce. L'insalata di pesce è fresca?; La può incartare bene? Quant'è?; Ecco dieci euro 2 Vorrei: **a** tre etti di prosciutto non troppo grasso **b** sei lattine di birra **c** un pezzo di formaggio non troppo piccante **d** mezza dozzina di uova di giornata **e** una lattina di caffè macinato **f** un pacchetto di piselli surgelati **g** una scatoletta di pomodori **h** due etti di burro 3 **a** patate; cipolle; fagioli; fagiolini; zucchini; carote; porri; zucca **b** un grappolo d'uva nera **c** i fagiolini sono nostrani? **d** vorrei mezza zucca **e** è tutto per oggi **f** mezzo chilo di panini integrali **g** questo pesce non è fresco; non lo voglio 4 **a** F **b** F **c** V 5 paio di scarpe; in vetrina; 37; costano; sconto; camicetta; quarantasei; provare; prendo
Un piccolo test
a scatoletta **b** lattina **c** piccante **d** scatoletta **e** bottiglia **f** dozzina **g** fresco **h** pacchetto **i** sacchetto

Unità 12

Ha capito?
1 Aeroporti, stazioni nelle grandi città e banche 2 Dalle 3 alle 4 3 No 4 Quella da 500.000 lire 5 1 euro
Pratica
1 Voglio fare una telefonata; non ho il numero; Roma; qual è il prefisso?; la linea è occupata (*or*: è occupato); chiamo più tardi 2 telefonata; numero; elenco telefonico; interurbana; prefisso; numero; occupato 3 **a** mi dispiace ma tocca a me **b** desidero spedire un espresso in Scozia **c** ha una busta? **d** un francobollo per una cartolina, costa quanto un francobollo per una lettera? **e** quanto costa un francobollo per una cartolina per gli Stati Uniti? 4 Vorrei cambiare duecento dollari USA in euro; Sì, ecco(lo); Vorrei anche cambiare un assegno turistico; Sì, quant'è il cambio oggi?; vorrei banconote di grosso taglio e cinque euro in spiccioli; Grazie, buongiorno 5 **a** ii and vi; **b** i and iv; **c** iii and v 6 **a** gialla **b** una telefonata a carico del destinatario **c** sì 7 **a** expiry date **b** about 50% **c** yes 8 **a** V **b** F

Un piccolo test
a dodici francobolli per la Gran Bretagna **b** qual è il numero di codice per Roma? **c** il mittente è necessario? **d** avete/ha un elenco (una guida) telefonico (-a)? **e** quant'è il cambio oggi?

Unità 13

Ha capito?
1 No 2 In tabaccheria, in edicola e nei bar 3 Moneta
Un biglietto
It is a straight through coach.
Pratica
1 fermata; all'altro lato; sinistra; lontano 2 Scusi, dov'è il mercato? Dov'è piazza Matteotti? È lontano? C'è una libreria in piazza Matteotti? No. Posso andare a piedi? Dov'è la fermata dell'autobus? Molte grazie, arrivederla 3 avanti dritto; seconda a sinistra; altro lato della; giardini 4 two; no; no; no 5 Deve attraversare il ponte. Poi prende la prima a sinistra e va avanti dritto. Alla fine della strada vede piazza San Marco 6 **a** vaporetti **b** motoscafi **c** luglio **d** la fine dell'epidemia nel 1575
Un piccolo test
a mi sono perso(-a) **b** di fronte al duomo **c** deve tornare indietro **d** prima del porto **e** dopo il semaforo **f** dietro la stazione **g** di fronte alla panetteria **h** sotto la torre dell'orologio **i** vicino ai giardini **j** posso andare a piedi?

Unità 14

Ha capito?
1 gli alberghi 2 no 3 no 4 no 5 tre
Pratica
1 **a** posizione panoramica **b** parco? **c** ascensore? **d** autorimessa? **e** piscina? **f** posizione tranquilla? **g** aria condizionata? **h** il telefono? **i** televisore? **j** riscaldamento centrale? 2 Buongiorno. Cerco un albergo in una posizione tranquilla. Qual è il migliore? Il Piccolo Parco va bene; può telefonare per vedere se ci sono camere libere, per favore? Voglio una camera singola con doccia 3 **a** Per quante notti? **b** Quanto costa la camera? **c** Va bene la patente? 4 **a** il conto **b** hanno fatto **c** un errore/uno sbaglio

5 a la serratura non funziona **b** la presa di corrente non funziona **c** vorrei un'altra coperta **d** vorrei un'altra gruccia **e** non c'è acqua calda **f** il radiatore non funziona **g** la luce non funziona/non c'è luce **h** vorrei un altro cuscino **6 a** San Giorgio **b** 20% **c** No **8 a** domani mattina desidero la sveglia alle sei **b** Dove posso parcheggiare? **c** può far portare i bagagli in camera?

Un piccolo test
1 Questa è la camera duecentonove. **2** Non c'è acqua calda in bagno. **3** La doccia non funziona. **4** Ha una lista degli alberghi di questa città? **5** Ha un posto per una roulotte? **6** Dov'è l'acqua potabile?

Unità 15

Ha capito?
1 Panini imbottiti **2** Un 'tost' **3** In autostrada **4** In trattoria
Pratica
1 Un tavolo per due; possiamo sedere fuori?; un analcolico e un succo di pomodoro senza ghiaccio **2 a** con il secondo piatto **b** carni varie e verdure miste **c** no **3** Che cos'è manzo brasato con lenticchie? Che cosa vuol dire/significa marsala? La cotoletta alla milanese è carne fritta? Come si dice *chop* in italiano? **4** Sì, grazie, io salto l'antipasto; prendo zuppa di verdura e agnello arrosto; come contorno prendo carciofi fritti e patate arrosto; il signore prende verdure ripiene e pollo alla cacciatora con insalata; da bere mezza caraffa di vino rosso della casa e mezza bottiglia di acqua minerale **5** Sì, grazie; io vorrei la torta della casa e per il signore del formaggio; un digestivo, un caffè e il conto per favore

Un piccolo test
1 c'è troppo sale nella zuppa **2** vorrei del pane per favore **3** il pollo è freddo **4** la bistecca non è ben cotta **5** non c'è pepe sul tavolo

Unità 16

Ha capito?
1 V **2** F **3** F **4** F **5** V
Pratica
1 a sì, ci sono fiori nel mio giardino **b** io curo il giardino **c** ci sono alcuni alberi **d** sì,

ho un orto **e** preferisco curare l'orto **f** preferisco i fiori di campo **g** la mia casa è antica **h** nella mia casa ci sono tre camere **i** ci sono due bagni **j** non c'è uno studio **k** ci sono due salotti **3 a** ho un fratello e una sorella **b** mio fratello ha 44 anni **c** mia sorella ha 38 anni **d** mio fratello è biologo, mia sorella è avvocatessa **e** ho un cane e un gatto **f** vado in ferie il 15 luglio per 3 settimane **g** sono simpatici **5 a** preoccupato! **b** felice! **c** triste! **d** fame! **e** freddo! **f** sete! **6 a** F **b** V

Un piccolo test
1 Ho caldo **2** È simpatica **3** È antipatica **4** È stanco **5** Ha ragione **6** Ha torto **7** Ho voglia di un gelato **8** Ho bisogno di una vacanza

Unità 17

Ha capito?
1 b **2** a **3** b
Pratica
1 a una scottatura **b** irritata **c** mal di testa; nausea; bruciore alla pelle **d** tre **e** impacco freddo; pomata emolliente **2** 1, 4, 7, 6, 5, 2, 3, 8 **3 a** il calcio **b** tennis, nuoto, sci **c** acquatico **d** no **4** Here are some possible answers: il nuoto è uno sport energetico; la box è uno sport brutale; la maratona è uno sport monotono; il ciclismo è uno sport facile; lo sci è uno sport pericoloso; il golf è uno sport rilassante; l'alpinismo è uno sport esilirante **5 a** the day after tomorrow **b** 8.30 **c** no **d** no, the theatre is in Genova, the visiting company is from Trieste **6 a** V **b** V **c** F

Un piccolo test
1 Due posti per la commedia **2** A che ora comincia l'opera? **3** Lei pratica uno sport? **4** L'ingresso è libero? **5** Ha due posti in platea? **6** Chi vince? **7** Gioco a tennis **8** Non mi sento bene **9** Ho una leggera scottatura **10** È una puntura d'insetto

Unità 18

Ha capito?
1 No **2** Sulle Alpi e sugli Appennini **3** No
Pratica
1 a sereno **b** agitato/mosso **c** vento **d**

temporale **e** nebbia **f** nevica   **2 a** oggi fa molto freddo **b** il cielo è sereno **c** fa bel tempo **d** non piove/c'è il sole **e** il tempo è umido **f** la temperatura è alta   **3** No   **4 a** ii; **b** i; **c** iv; **d** iii; **e** v   **5 a** durante la prima metà d'agosto **b** sì **c** dopo il Ferragosto

Un piccolo test
a V **b** F **c** F **d** V **e** V **f** F

Unità 19

Ha capito?
1 All'uscita   **2** No, non in tutte   **3** No

Pratica
1 il pieno per favore. Super. No grazie, l'acqua va bene; può controllare l'olio? Può pulire il parabrezza?; Quant'è?   **2** Vorrei noleggiare un'automobile. Voglio un'automobile piccola. Sì una Seicento va bene; ha il chilometraggio illimitato? Quanto costa al giorno? La benzina è inclusa?   **3 a** i no **ii** no **iii** no **iv** 1 hour **b** i It will be towed away **ii** No, they can park in the designated spaces **c** i It is forbidden to cross the railway line **ii** a subway   **4 a** aiuto! **b** attenzione! **c** presto! **5 a** F **b** F **c** V **d** F

Un piccolo test
1 il pieno, per favore   **2** può controllare l'olio?   **3** può cambiare la gomma?   **4** presto, chiami i pompieri!   **5** vorrei noleggiare un 'automobile   **6** dieci euro di benzina   **7** trenta litri di gasolio   **8** ho una gomma a terra

Unità 20

Ha capito?
1 F   **2** V   **3** F

Pratica
1 Desidero prenotare una camera a due letti con bagno, per sette notti, dal 15 al 21 aprile. Vi prego di comunicarmi il prezzo giornaliero per persona, mezza pensione, e anche se offrite riduzioni per bambini. In attesa di una Vostra risposta, porgo distinti saluti.   **2** Pronto. Sono il signor Bentley; ho una prenotazione nel vosto albergo per domani. Sono il signor Bentley; ho

prenotato due camere per domani. Bi-e-enne-ti-elle-e-ipsilon. Sì, arrivo domani sera. Grazie a Lei, buonasera.   **3 b** i no **ii** no **ii** no **iv** no   **4** Compro i fiori e ritorno alle sette

Un piccolo test
1 Devo scrivere una lettera   **2** Pronto, chi parala?   **3** Ho sbagliato numero   **4** Non ricordo   **5** Ho dimenticato   **6** Desidero imparare la lingua   **7** Voglio un rimborso

Italian–English
VOCABULARY

1 The English translations given apply only to the meaning of the word as used in the book.

2 Words ending in **-o** are to be considered masculine and those ending in **-a** feminine, in all other cases the gender will be indicated (e.g. **mare (m), automobile (f)**, etc.). Words with two different endings (e.g. **studente, -essa, alto, -a**) are nouns or adjectives with separate masculine and feminine forms.

3 Words ending in **-e** (e.g. **felice, dirigente**) with no indication of gender are adjectives or nouns suitable to both the masculine and feminine forms.

4 Verbs are given in their infinitive form (ending in **-are, -ere** and **-ire**).

abbastanza *enough, rather*
abbigliamento *clothing, clothes*
abito *dress, suit*
accettare *to accept*
accomodarsi *to make oneself comfortable, to come in, to take a seat*
accordo *agreement*, d'accordo *okay*
accorgersi *to realise*
acqua *water*
addirittura *even, actually*
addormentarsi *to fall asleep*
adesso *now*
affittare *to let, to rent*
afoso, -a *sultry*
agitato *(sea) rough*
aiutare *to help*
aiuto! *help!*
alba *dawn*

albergo *hotel*
albero *tree*
alcuni, -e *some, a few*
alimentare: generi alimentari *foodstuffs*
allegare *to enclose*
allora *then*
alto, -a *high*
altro, -a *other*
alzarsi *to get up, to rise*
amaro *bitter*
ambulatorio *surgery*
amico, -a *friend*
ammettere *to admit*
anche *also, too*
ancora *yet, once more, again*
andare *to go*
animale (m) *animal*
antico -a *old, antique*
anticipo *early (timetable)*

antipatico, -a *unpleasant*
anziano, -a *elderly*
appassionato, -a *enthusiast, fan*
applicare *to apply*
appunto *note, memorandum*
aprire *to open*
arancione *orange colour*
arbitro *referee*
area di servizio *(motorway) service area*
argomento *topic, subject matter*
aria *air*
arredamento *furnishing*
arrivare *to arrive*
arrivo *arrival*
ascensore *lift, elevator*
asciugamano *towel*
asciutto, -a *dry*
ascoltare *to listen (to)*
aspettare *to wait (for)*
assegno *cheque*
assortimento *selection, choice*
attendere *to wait (for)*
attraversare *to cross*
attualità *current affairs, topical subject*
aumentare *to increase*
autonoleggio *car hire, car rental*
autorimessa *garage*
autostrada *motorway*
autovettura *car*
avanti *further on, forward*
avere *to have*
avversario *opponent*
avvicinarsi *to approach, to come nearer*
avviso *notice, announcement*
avvocato, -essa *lawyer, attorney*
azzurro, -a *blue*

bagaglio, bagagli *luggage*
bagnino, -a *beach attendant*
bagno *bathroom,* fare il bagno *to swim, to have a bath*
bambino, -a *child*
bandiera *flag*

barra *slash*
basso, -a *low*
bello, -a *beautiful, handsome*
benché *although*
bene *well,* benissimo *very well*
benzina *petrol, gasoline*
bere *to drink*
bianco, -a *white*
bibita *drink*
bigliettaio, -a *ticket collector*
biglietto *ticket, banknote*
binario *platform*
bisognare *to be necessary*
bisogno *need*
blu *navy blue*
bombola *gas bottle, cylinder*
borsa *bag*
bottiglia *bottle*
bravo, -a *good (at something)*
brezza *breeze*
bruciore *burning sensation*
brutto, -a *ugly, (weather) bad*
buca delle lettere *letter/mailbox*
buffo, -a *funny*
buono, -a *good*
busta *envelope*

cabina *booth, kiosk, cabin*
calcio *football*
caldo, -a *hot*
cambiare *to change*
cambio *exchange bureau*
camera *room, bedroom*
cameriere, -a *waiter, waitress*
camerino *fitting room*
camicia, camicetta *shirt/blouse*
caminetto *fireplace*
campagna *countryside*
campanello *door bell*
campeggio *campsite*
cane (m) *dog*
capuccino *white coffee made with expresso machine*
carbonella *charcoal*
carne (f) *meat*
caro, -a *dear, expensive*

cartello *signpost, notice*
cartolina *postcard*
casa *home, house*
casalingo, -a *home-made, housewife*
caso *case, event*
cassa *cash desk, cashier's desk*
cassetta *letter box; mailbox*
cassiere, -a *cashier*
categoria *class (of hotel), category*
cattivo, -a *bad*
cena *dinner, supper*
cenare *to have supper, to dine*
centęsimi *cents*
centralino *telephone exchange, operator*
cercare *to look for*
certamente/certo *certainly, surely*
che *which, that, who, whom*
chi? *who?*
chiamare *to call*, chiamarsi *to be called*
chiaro *clear*
chiave *key*
chiędere *to ask*
chiesa *church*
chilo *kilo*
chiọcciola *'at' sign*
chiụdere *to close, to shut*
chiuso, -a *closed, shut*
cibo, cibi *food*
cielo *sky*
cintura *belt*
circa *about*
città *town, city*
classe (f) *class*
cliccare *to click*
coda *queue, tail*
cọdice (m) *code*
cognome (m) *surname*
coincidenza *connection*
colazione (f) *breakfast, lunch*, prima colazione *breakfast*
collegare *to link, to join*
colore (m) *colour*
come *as, like, how*
cominciare *to start, to begin*

commedia *play*
commesso, -a *shop assistant*
cọmodo, -a *comfortable, convenient*
compilare *to fill in (a form)*
cọmpito *homework*
compleanno *birthday*
completo, -a *complete, included*
comporre il nụmero *to dial (the number)*
comprare *to buy*
compreso, -a *included*
comunicare *to communicate*
con *with*
confermare *to confirm*
coniare *to invent, to coin (a word)*
conọscere *to know, to be acquainted with*
consegnare *to deliver*
consigliare *to advise*
contante *ready money, cash*
conto *bill, check; account*
contrario, -a *contrary, opposite*
contro *against*
controllare *to check*
coperta *blanket*
coperto *overcast; (restaurant) cover charge*
coppia *couple, pair*
corrente (f) *current*
corso *course; avenue, main street*
corto, -a *short*
cosa *thing*
così *so, thus*
costare *to cost*
costume da bagno *bathing suit*
cucina *cuisine, kitchen*
cucinare *to cook*
curare *to cure; to take care of*

dappertutto *everywhere*
dare *to give*, dato *given*
dattilọgrafo, -a *typist*
denaro *money*
dente (m) *tooth*
descrịvere *to describe*
desiderare *to wish*

destra *right*, a destra *on the right*
dettaglio *detail*
di fronte *opposite*
dietro *behind*
dimenticare *to forget*
dire *to say, to tell*, detto *said, told*
direttamente *directly*
direzione (f) *management*
dirigente/direttore *manager*
diritto *(law) right*
discrezione (f) *discretion*
dispiacersi *to be sorry*
distributore (m) *vending machine*, distributore di benzina *petrol/gasoline pump*
disturbo *indisposition*
divertimento *amusement*
divertirsi *to amuse onself*
dividere: diviso *divided by*
divieto *prohibition*
divorziato, -a *divorced*, divorzio *divorce*
doccia *shower*
documento *document*
domanda *question, request, application*
domandare *to ask*
domani *tomorrow*
domestico, -a *domestic, household*
donna *woman*
dopo *after;* dopodomani *the day after tomorrow*
doppio *double*
dormire *to sleep*
dottore, dottoressa (f) *doctor*
dove *where*
dovere *must, to have to; duty*
dozzina *dozen*
dritto *straight*
dunque *well, so, therefore*
duomo *cathedral*
durare *to last*
durante *during*

eccetto *except*
ecco *here it is, here they are*

edicola *newspaper kiosk*
edificio *building*
elenco *list*, elenco telefonico *telephone directory*
entrare *to enter, to come/go in*
entroterra *inland*
esattamente *exactly*
esaurito, -a *sold out*
espresso *express*
essere *to be*
est *east*
estero *foreign*
esteso, -a *extended*
età *age*
etto *100 grams*
euro (= 1936.27 lire) *Euro*
evitare *to avoid*

fabbrica *factory*
facchino *porter*
facile *easy*
facoltà *faculty*
facoltativo, -a *optional*
fame (f) *hunger*
fare *to do, to make*, fatto *made, done*
fare il numero *to dial (the number)*
farsi la barba *to shave*
felice *happy*
feriale: giorno feriale *working day*
fermare, fermarsi *to stop*, fermata *stop*
festa *public holiday; party*
festivo *festive, holiday*
fetta *slice*
fila *row*
fine (f) *end*
finestra *window*
finire *to finish, to end*
fiore (m) *flower*
firmare *to sign*
formulario *form*
forno *oven*
fra *between, among*
francobollo *stamp*
freddo, -a *cold*
frequentare *to attend, to frequent*

fresco, -a   *cool, fresh*
fretta   *hurry*
frigo   *fridge*
fumare   *to smoke*
funzionare   *to work, to function*
fuori   *outside*

gabinetto   *toilet*
galleria   *tunnel, (theatre) circle*
gara   *race*
gasolio   *diesel*
gatto   *cat*
generale   *general*
genere (m)   *kind, type*
gentile   *kind, polite*
gestire   *to run, to manage*
gettone (m)   *token, counter*
ghiaccio   *ice*
giallo   *yellow*
giardino   *garden*
giocare   *to play*
giornale   *newspaper*
giornaliero, -a   *daily*
giornata, giorno   *day*
giovane   *young*
gioventù   *youth*
girare   *to turn*
goccia   *drop*
godere   *to enjoy*
gola   *throat*
gomma   *tyre, rubber*
gonna   *skirt*
grana padano   *a kind of parmesan cheese*
grande   *large, big,* grande magazzino   *department store*
grandinare   *to hail,* grandine (f)   *hailstone*
gratuito, -a   *free of charge*
grazie   *thank you*
grigio   *grey*
griglia   *grill,* alla griglia   *grilled*
guardare   *to look at*
guasto, -a   *out of order, broken down*
guidare   *to drive*
gusto   *taste*

ieri   *yesterday*
illimitato, -a   *unlimited*
immaginare   *to imagine*
impacco   *compress*
imparare   *to learn*
incartare   *to wrap*
incidente (m)   *accident*
incluso, -a   *included*
incontrare   *to meet*
incoraggiare   *to encourage*
indicare   *to show, to point out*
indietro: tornare indietro   *to go back*
indirizzo   *address*
indisposizione (f)   *slight ailment*
infermiere, -a   *nurse*
informare   *to inform*
informatica   *computer science*
ingorgo   *(traffic) jam*
ingresso   *entrance*
iniezione (f)   *injection*
iniziare   *to start, to begin*
inoltre   *also, besides, moreover*
insegnante   *teacher*
insetto   *insect*
insieme   *together*
interessante   *interesting*
intero, -a   *whole*
interrotto, -a   *interrupted*
inviare   *to send*
irritato, -a   *irritated*
iscriversi   *to enrol*

laggiù   *over there, down there*
lampeggiare   *to lighten*
lampo   *lightning*
lana   *wool*
largo   *wide*
lasciare   *to leave, (allow) to let*
lato   *side*
lattina   *tin, can*
lavare   *to wash,* lavarsi   *to wash oneself*
lavorare   *to work*
lavoro   *work*
legge (f)   *law*
leggere   *to read*

leggero, -a *light, mild, weak*
lentamente *slowly*
lento, -a *slow*
letto *bed*
libero *vacant, free*
libro *book*
lingua *language, tongue*
località *place, (holiday) resort*
locanda *inn*
loggione (m) *gallery (theatre)*
lontano *far, remote*
loro (il, la, i, le) *their, theirs*
lunghezza *length*
lungo, -a *long*
lungomare (m) *sea-front, promenade*
luogo *place,* ha luogo *takes place*
lusso *luxury*

ma *but*
magazzino *store,* grande magazzino
  department store
maggioranza *majority*
maglia *jersey, sweater*
maglietta *t-shirt, jumper*
mai *never, ever*
malattia *illness*
male (m) *badly; illness, ache,*
  sentirsi male *to feel ill*
mancia *tip*
mandare *to send*
mangiare *to eat*
mantenersi *to keep (oneself);*
  mantenersi in forma *to keep fit*
mare *sea*
marrone *brown*
massimo: al massimo *at the most*
matrimoniale *(of bed) double bed*
mattina *morning*
maturo, -a *ripe*
medio, -a *medium*
medico *physician*
meglio *better*
meno *less, minus*
mentre *while*
merenda *snack, afternoon tea*
meridionale *southern*

metà *half, middle*
mettere *to put*
mezzanotte *midnight*
mezzo *half, middle*
mezzogiorno *midday*
migliorare *to improve*
il mio, la mia, i miei, le mie *my, mine*
misto, -a *mixture*
mite *mild (climate)*
mittente (m) *sender's address*
modello *style, type*
moderato, -a *moderate*
modico, -a *reasonable, moderate*
modulo *form*
molto, -a *much, many, very, a lot*
moneta *coin, money*
mosso, -a *(sea) rough*
mostrare *to show*
mucca *cow*

nebbia *fog*
necessario, -a *necessary*
negozio *shop*
nero *black*
nessuno *nobody*
neve *snow,* nevicare *to snow*
niente *nothing*
noia *nuisance*
noleggiare *to hire*
nome (m) *name, first name*
nord *north*
il nostro, la nostra, i nostri, le nostre
  our, ours
nostrano *home grown, locally*
  produced
nota *note*
notizia *piece of news*
nuotare *to swim,* nuoto *swimming*
nuovo, -a *new*
nuvola *cloud,* nuvoloso *cloudy*

obbligatorio *compulsory, obligatory*
occhio *eye*
occhiali *glasses*
occupato *engaged, busy*
oggi *today*

ogni *every, each*
olio *oil*
ombrello *umbrella,* ombrellone
  beach umbrella
onesto, -a *honest*
opera *work, opera*
oppure *or*
ora *hour, now*
orario *timetable*
ordinare *to order*
orologio *clock, watch*
ospedale (m) *hospital*
ospite *guest*
ovest *west*

pacchetto *packet*
pacco *parcel*
paese (m) *country, village*
pagare *to pay,* pagamento *payment*
paio (pl. paia) *pair*
palestra *gymnasium*
pantaloni *trousers*
parabrezza *windscreen*
parcheggiare *to park*
parcheggio *car park*
parco *park*
pareggiare *to draw*
Parigi *Paris*
parlare *to speak, to talk*
partenza *departure*
partire *to leave, to depart*
partita *match*
passare *to pass, to spend (time)*
passeggiata *walk, stroll*
passo *pace, stride*
pasto *meal*
patente (f) *driving licence*
peccato *pity*
peggio, peggiore *worse*
pelle (f) *skin, leather*
pensare *to think*
pensione (f) *boarding-house*
per *for*
perché *because, why*
percorso *route, way, course*
perdere *to lose, to miss (e.g. a bus)*

pericoloso *dangerous*
periodo *period*
permettere *to allow, to permit, to let,*
  permesso: *let me through; allowed*
però *but, however, nevertheless*
pesante *heavy*
pettinarsi *to comb one's hair*
pezzo *piece*
piacere *to please,* mi piace *I like*
piano *floor, storey*
piatto *dish*
piazza *square*
piccolo, -a *small*
piede (m) *foot*
pieno, -a *full,* fare il pieno *to fill up*
  (the tank)
pioggia *rain*
piombo *lead*
piove *it's raining*
piscina *swimming pool*
più *plus, more, ...er*
piuttosto *rather, fairly*
platea *stalls*
poco, -a *little, few,* un poco/un po'
  a little
poi *then, later (on)*
poltrona *(theatre) stall*
pomata *ointment*
pompiere (m) *fireman*
ponte (m) *bridge*
pontile d'imbarco *jetty*
porta *door*
portare *to carry*
portineria *reception (hotel)*
porto *harbour, port*
possedere *to own*
posta *mail, post office*
posteggiare *to park*
posto *place, seat*
potabile *drinkable*
potere *can, to be able to*
pranzare *to (have) lunch,* pranzo
  lunch
pratica *practise*
precedere *to go/come before,*
  precede

preferire *to prefer*
prefisso *code number*
prego *don't menton it*, prego?
  pardon?
prelevare *to withdraw*
prendere *to take, catch*
prenotare *to book*
prenotazione (f) *booking*
preoccuato *worried*
preparazione (f) *preparation*
preparare *to prepare*
prescrivere *to prescribe*, prescritto
  prescribed
presto *early*, presto! *hurry!*
prezzo *price*
primo, -a *first*
principale *main*
promemoria (m) *memorandum/*
  memoranda
proprio, -a *own*
prossimo, -a *next*
pulire *to clean*
punto *dot*
puntura *sting, bite*
purtroppo *unfortunately*

qualche *some, a few, any*
qualcosa *something*
qualcuno *someone*
quale *which*
quando *when*
quanto *how much*
quello, -a *that*
questo, -a *this*
quindi *therefore*

radersi *to shave*
radiatore (m) *radiator*
ragazzo *boy*, ragazza *girl*
ragione (f) *reason*, aver ragione *to*
  be right
rappresentazione (f) *show,*
  performance
regalo *present*
regolamento *rule, regulation*
restare *to stay, to remain*

resto *(of money) change*
rete (f) *net, web*
riaprire *to reopen, to open again*
richiamare *to call again*
richiedere *to require*
ricordare *to remember*
ridere *to laugh*
ridotto, -a *reduced*
riduzione (f) *reduction*
rifare *to do/make again*
riflettere *to reflect*
rifugio *refuge*
rigido, -a *(of weather) severe*
rimborso *refund*
rimedio *remedy, cure*
ripieno *filling*
riscaldamento *heating*
rispondere *to answer*
risposta *answer*
ritardo *delay*
ritirare *to withdraw*
ritornare *to return*, ritorno *return*
riva *shore*
rivista *magazine*
rosa *pink*
rosso *red*

sabbia *sand*
sacchetto (di plastica) *carrier bag*
sala *room*, sala da pranzo *dining room*
salire *to go/come up*, salire
  sull'autobus *to get on the bus*
salotto *sitting room*
saltare *to skip*
salutare *to greet*, saluto *greeting*
salute (f) *health*
sangue (m) *blood*
sapere *to know*
sbagliarsi *to be mistaken*, sbaglio
  mistake
scarpa *shoe*
scatoletta *tin, can*
scendere *to go/come down*, scendere
  dal treno *to get out of the train*
scherzare *to joke*
sciare *to ski*

scomparire   *to disappear*
scontento, -a   *dissatisfied, displeased*
sconto   *discount*
scontrino   *receipt*
scrivere   *to write*
scuola   *school*
scuro, -a   *dark*
scusarsi   *to excuse oneself,* scusi *excuse me*
secco   *dry*
sedere, sedersi   *to sit*
seguire   *to follow*
semplice   *simple; single (journey)*
sempre   *always*
sentire   *to hear, to feel*
senza   *without*
sereno, -a   *cloudless, clear*
servire   *to serve*
sete (f)   *thirst*
settentrionale   *northern*
sicuro, -a   *safe, sure, certain*
significare   *to mean, to signify*
simpatico, -a   *nice, pleasant*
singolo, -a   *single*
sinistra   *left*
sito (m)   *site*
soccorso   *aid, assistance,* pronto soccorso   *first aid*
soldi (pl)   *money*
sole (m)   *sun*
solito, -a   *usual,* di solito   *usually*
solo, -a   *alone, lonely, only,* da solo, -a   *by oneself*
soltanto   *only*
sostanzioso, -a   *substantial*
sotto   *under*
sottopassaggio   *subway, underpass*
specchio   *mirror*
specializzato, -a   *specialised*
spedire   *to send*
spesso   *often*
spettacolo   *show, performance*
spiaggia   *beach*
spiegare   *to explain*
spolverare   *to dust*
sporco, -a   *dirty*

sportello   *(office) counter, (station) ticket window*
sposato, -a   *married*
spot   *commercial spot*
spuntino   *snack*
squadra   *team*
stanco, -a   *tired*
stare   *to stay,* stato, -a   *stayed, been*
stasera   *this evening, tonight*
stesso, -a   *same*
stirare   *to iron*
stomaco   *stomach*
strada   *street, road*
straniero, -a   *foreign, foreigner*
stretto, -a   *tight, narrow*
studiare   *to study*
subito   *at once*
(il) suo, (la) sua, (i) suoi, (le) sue   *his, her, hers, your (formal), yours (formal)*
surgelato, -a   *frozen*
svegliarsi   *to wake up*
sveglio, -a   *awake*
svendita   *sale*
svestirsi   *to undress*

taglia   *(clothes) size*
tardi   *late*
tascabile   *pocket-size*
tavolo   *table*
teatro   *theatre*
telefonare   *to telephone*
telefonata   *(telephone) call*
telefonista   *operator, telephonist*
teleselezione (f)   *STD, direct dialling system*
televisore (m)   *television set*
temporale (m)   *storm*
tenda   *tent*
termine   *term*
terra: una gomma a terra   *a flat tyre*
terreno   *land, ground*
testa   *head*
tiepido   *lukewarm*
timbrare   *to stamp*
tipo   *type, kind*

tirare: tira vento   *it's windy*
tornare   *to return*
torre (f)   *tower*
tosse (f)   *cough*
tra   *between, among*
tramezzino   *sandwich*
tramonto   *sunset*
tranquillo, -a   *calm, peaceful*
trattato   *treaty; treated*
trattoria   *restaurant, country inn*
triste   *sad*
troppo   *too much*
trovare   *to find*
il tuo, la tua, i tuoi, le tue   *your, yours*
tuonare   *to thunder,* tuono   *thunder*
turno   *turn,* chiuso per turno   *closed by rota*
tutto   *all, everything*

uccello   *bird*
ufficiale   *official*
ufficio   *office*
ultimo, -a   *last, latest*
umido   *humid, damp*
un, uno, una, un'   *a, an, one*
uomo   *man*
usare   *to use*
uscire   *to go/come out*

vaglia postale   *postal order*

valigia   *suitcase*
valuta   *currency*
vaporetto   *water-bus, steamboat*
variare   *to vary*
vecchio   *old*
vedere   *to see*
vedovo, -a   *widower, widow*
vendere   *to sell*
venire   *to come*
vento   *wind*
verde   *green*
versamento   *(commerce) deposit*
vestirsi   *to get dressed*
vestito   *dress, suit*
via   *road, street*
viaggiare   *to travel*
vicino, -a   *near, nearby; neighbour*
vietato   *forbidden*
vigili del fuoco   *firemen*
villeggiatura   *holiday, vacation*
vincere   *to win*
viola   *violet*
vivanda   *food*
vivere   *to live*
volere   *to want*
(il) vostro, (la) vostra, (i) vostri, (le) vostre   *your(s)* (pl)
volta   *time,* una volta   *once*

zona   *area*

English–Italian
VOCABULARY

The Italian translations given, apply only to the meaning of the word as used in the book.

about circa
to accept accettare
account conto
ache male, dolore
address indirizzo
to admit ammettere
to advise consigliare
again ancora
against contro
age età
agreement accordo
air aria
to allow permettere
also, too anche, inoltre
although benché
always sempre
among tra, fra
to amuse (oneself) divertirsi
amusement divertimento
announcement annuncio
application domanda
to apply iscriversi
area zona
to arrive arrivare, *arrival* arrivo
to ask domandare
assistant (shop) commesso, -a
'at' sign chiocciola
to attend frequentare
attorney avvocato
avenue corso, viale
to avoid evitare
awake sveglio, -a

bad cattivo, -a
badly male
bag borsa
to bathe fare il bagno
bathroom (stanza da) bagno
bay leaf alloro
to be essere
beach spiaggia
beach attendant bagnino
beautiful bello, -a
because perché
bed letto
bedroom camera
to begin cominciare, iniziare
behind dietro
bell (door) campanello
belt cintura
better meglio, migliore
between tra, fra
big grande
bill conto
bird uccello
bite (insect) puntura
bitter amaro, -a
black nero, -a
blanket coperta
blood sangue (m)
blouse camicetta
blue azzurro, *navy blue* blu
boarding house pensione
boat barca, battello

book libro, *to book* prenotare
booking prenotazione
bottle bottiglia
box scatola
breakfast colazione (f)
breeze brezza
bridge ponte (m)
brown marrone
building edificio, palazzo
burn, scald scottatura
busy occupato, -a
but ma
to buy comprare
to call chiamare
calm calmo -a, tranquillo -a
campsite campeggio
can lattina; (*to be able*) potere
card carta, (*post-*) cartolina
carrier (bag) borsa di plastica
to carry portare
cash (desk) cassa, *to cash* prelevare
cashier cassiere, -a
cat gatto, -a
category categoria, classe
cathedral duomo, cattedrale
cent(s) centesimo, -i
certainly certamente, certo
to change cambiare
charcoal carbonella
to check controllare
cheque assegno
child bambino, -a
choice scelta
church chiesa
circle (theatre) platea
clean pulito, -a
clear (sky) sereno
to click cliccare
clock orologio
to close chiudere
closed chiuso, -a
clothes, clothing abbigliamento
cloud nuvola
cloudless sereno
code (postal) codice,
 (*phone*) prefisso

coin moneta
cold freddo, -a
colour colore
to comb (one's hair) pettinarsi
to come venire
comfortable comodo
compress impacco, compressa
compulsory obbligatorio, -a
computer science informatica
commercial spot
to communicate comunicare
to confirm confermare
connection (e.g. train) coincidenza
contrary contrario, opposto
to cook cucinare
cool fresco, -a
to cost costare
cough tosse (f)
country paese (m)
couple coppia, paio
course corso
cow mucca
craft (boat) imbarcazione
to cross attraversare
to cure curare
currency valuta
current account conto corrente
cylinder (gas) bombola

daily giornaliero, -a
dangerous pericoloso, -a
dark scuro, buio
dawn alba
dear caro, -a
delay ritardo
to deliver consegnare
to depart (to leave) partire
department store grande magazzino
departure partenza
to deposit depositare
to describe descrivere
detail dettaglio
to dial (the number) fare, comporre
 (il numero)
to dine cenare
dining room sala da pranzo

dinner cena
directly direttamente
directory guida telefonica
dirty sporco, -a
to disappear scomparire
discount sconto
dish piatto
dissatisfied scontento, -a
divided (by) diviso
divorce divorzio, *divorced* divorziato, -a
to do fare, *done* fatto
doctor dottore, dottoressa (f)
dog cane (m), cagna (f)
door porta
dot punto
double doppio, -a
down giù, *down there* laggiù
dozen dozzina
to draw (match) pareggiare
dress abito, vestito
to drink bere, *drink* bevanda
drinkable potabile
to drive guidare
drop goccia
dry secco, -a; asciutto, -a
damp umido, -a
during durante
dust polvere
duty dovere

each ogni, ciascuno
early presto; in anticipo
east est, *eastern* orientale
easy facile
to eat mangiare
elderly anziano, -a
elevator ascensore
to enclose accludere
to encourage incoraggiare
end fine (f)
engaged occupato, -a
to enrol iscriversi
to enter entrare
envelope busta
error errore, sbaglio

even, actually addirittura
evening sera
every ogni
everything tutto
everywhere dappertutto
exactly esattamente
except eccetto
to excuse scusare
expensive caro, -a
to explain spiegare
extended esteso, –a
eye occhio

factory fabbrica
faculty facoltà
fairly abbastanza
fan tifoso, -a
far lontano
fare tariffa, prezzo del biglietto
few pochi, poche
filled imbottito, -a
filling ripieno
to find trovare
to finish finire
fireman pompiere, vigile del fuoco
first primo, -a
flag bandiera
flat appartamento
floor piano
flower fiore (m)
fog nebbia
to follow seguire
food cibo, cibi, alimento
foodstuffs alimentari
foot piede
football calcio
for per
forbidden proibito
foreign, foreigner straniero, -a
to forget dimenticare
form modulo, formulario
free libero, -a; *free of charge* gratuito, -a
fresh fresco, -a
fridge frigo(rifero)
friend amico, -a

frozen congelato, -a, surgelato
to function funzionare
funny buffo
furnishing arredamento
further (on) avanti

gallery (theatre) loggione
garage autorimessa, garage
garden giardino
girl ragazza
to give dare
glasses occhiali
to go andare
good buono, -a
graduate laureato, -a
green verde
greet salutare, *greeting* saluto
grey grigio, -a
gymnasium palestra

to hail grandinare, *hailstone*
  grandine (f)
half mezzo; metà (f)
hello ciao, *(telephone)* pronto
happy felice
harbour porto
to have avere
health salute
to hear sentire
heating riscaldamento
heavy pesante
help aiuto, *to help* aiutare
high alto, -a
to hire noleggiare; prendere in
  affitto
his, her(s) il suo, la sua, i suoi, le sue
home casa
honest onesto, -a
hospital ospedale
hot caldo, -a
hotel albergo
hour ora
housewife casalinga
how come
however però, tuttavia
hunger fame

hurry fretta
ice ghiaccio
illness malattia
to improve migliorare
included incluso, -a
to increase aumentare
indisposition disturbo
to inform informare
injection iniezione
inland entroterra
inn locanda
insect insetto
interrupted interrotto, -a
to invent coniare
iron ferro
irritated irritato, -a

jam (traffic) ingorgo
jetty pontile d'imbarco
to join unire
to joke scherzare
jumper maglietta

to keep (oneself) mantenersi;
  mantenersi in forma *to keep fit*
key chiave (f)
kilo chilo
kind gentile; tipo
kiosk (telephone) cabina;
  (newspaper) edicola
kitchen cucina
to know sapere, conoscere

labourer operaio
land terra
language lingua
large grande
last ultimo, -a
late tardi
to laugh ridere
law legge (f)
lawyer avvocato
lead piombo
to learn imparare
leather pelle
to leave lasciare

left sinistra
length lunghezza
less meno
to let affittare, dare in affitto
letter/mail box buca delle lettere
licence (driving) patente
lift ascensore, elevator
light leggero, -a
lightning lampo
to like piacere; *like* come
to link collegare
to listen (to) ascoltare
little piccolo, -a
to live vivere, *(inhabit)* abitare
long lungo, -a
to look (at) guardare
to lose perdere
low basso, -a
luggage bagaglio
lukewarm tiepido, -a
lunch pranzo, seconda colazione
luxury di lusso

machine macchina
magazine rivista
mail posta
mailbox buca della posta
main principale
majority maggioranza
to make fare
man uomo
to manage gestire
management direzione
many molti, -e
married sposato, -a
match partita
meal pasto
to mean significare
meat carne
medium medio, -a
to meet incontrare
memorandum promemoria
midday mezzogiorno
midnight mezzanotte
mild leggero, -a
mine il mio, la mia, i miei, le mie

mineral minerale
minus meno
mirror specchio
mistake sbaglio
mistaken sbagliato
mixture misto
money denaro, soldi
more più, di più
morning mattino, mattina
motorway autostrada
much molto, -a
must devo, devi, deve, etc.
my, mine il mio, la mia, i miei,
  le mie

name nome (m)
named chiamato, -a
narrow stretto, -a
near vicino
necessary necessario, -a
to need avere bisogno (di)
net, web rete
never mai
new nuovo, -a
news notizia
newspaper giornale (m)
next prossimo, -a
nobody nessuno
north nord, *northern* settentrionale,
  del nord
note nota
notice avviso
now adesso, ora
nuisance noia
nurse infermiere, -a

obligatory obbligatorio, -a
office ufficio
often spesso
oil olio
ointment pomata
old vecchio, -a
only solo, soltanto, solamente
open aperto, -a
opponent avversario
opposite contrario, -a; opposto, -a

optional facoltativo, -a
or oppure, o
orange (colour) arancio, arancione
orangeade aranciata
to order ordinare
other altro, -a
our il nostro, la nostra, i nostri, le nostre
outside fuori
oven forno
own proprio, -a

pace passo
packet pacchetto
pair paio
parcel pacco
pardon? prego?
Paris Parigi
park parco; *car park* parcheggio
party festa
to pass passare
to pay pagare
payment pagamento
peaceful tranquillo, -a
performance rappresentazione (f) spettacolo
petrol benzina
physician medico; dottore, dottoressa
piece pezzo
pink rosa
pity peccato
place posto
platform binario
play commedia
pleasant simpatico, -a; piacevole
please per favore
pocket-size tascabile
polite gentile
pool piscina
porter facchino
post office ufficio postale, posta
practice pratica, esercizio
to prefer preferire
preparation preparazione
to prepare preparare
to prescribe prescrivere

present (gift) regalo
price prezzo
prohibition divieto
promenade passeggiata
to put mettere

question domanda

race gara
radiator radiatore (m)
rain pioggia
rate tasso
rather piuttosto
to read leggere
real vero
to realise accorgersi
reasonable ragionevole
receipt ricevuta, scontrino
reception (hotel) portineria
red rosso, -a
reduced ridotto, -a
referee arbitro
to reflect riflettere
refuge rifugio
refund rimborso
regulation regolamento
to remain restare, rimanere
remedy cura, rimedio
to remember ricordare
remote remoto, lontano
to rent prendere in affitto, affittare
rental affitto
to re-open riaprire
request domanda, richiesta
to require richiedere
resort (holiday) località di villeggiatura
to return ritornare
right destra, *(law)* diritto
ripe maturo, -a
to rise (to get up) alzarsi
road via, strada
room camera
rough (sea) agitato, mosso
route percorso, via
rubber gomma

rule regola
to run correre

sad triste
sale svendita
same stesso, -a
sand sabbia
sandwich tramezzino
school scuola
sea mare (m)
seat posto
sea-front lungomare
to see vedere
selection assortimento
to sell vendere, *sold* venduto
to send spedire, mandare
sender mittente
to serve servire
severe (weather) rigido
to shave farsi la barba, radersi
shirt camicia
shoe scarpa
shop negozio
shore spiaggia
short corto, -a
show spettacolo, rappresentazione
shower doccia
to shut chiudere
side lato
to sign firmare
signpost cartello
single (ticket) andata, corso
   semplice; *(room)* singola
to sit sedere, sedersi
site sito
sitting-room salotto
size (shoe) numero, *(clothes)* taglia
to ski sciare
skin pelle
to skip saltare
skirt gonna
sky cielo
slash barra
to sleep dormire
slice fetta
slow lento, -a

to smoke fumare
snack spuntino, merenda
to snow nevicare
so così
some alcuni, -e; qualche
someone qualcuno
something qualcosa
sorry (to be) dispiacersi
south sud, meridione
southern meridionale, del sud
to speak parlare
specialised specializzato, -a
square piazza
stalls (theatre) platea
stamp francobollo
to start cominciare, iniziare
to stay stare, rimanere
sting puntura
to stop fermare, fermarsi
store (department) grande
   magazzino
storey piano
storm temporale
street, way via, strada
stride passo
straight dritto, -a
stroll passeggiata
to study studiare, *study* studio
substantial sostanzioso, -a
subway sottopassaggio
suit abito, vestito
suitcase valigia
sultry afoso, -a
sun sole (m)
supper cena
sure(ly) certo, certamente
surgery ambulatorio
surname cognome
sweater maglia
sweet dolce
to swim nuotare, *swimming* nuoto

table tavolo, tavola
tablet pasticca, compressa
to take prendere, *taken* preso
to talk parlare

taste gusto
teacher insegnante
team squadra
tent tenda
term termine, vocabolo
thanks grazie
that quello -a, che
theatre teatro
then allora; poi
therefore quindi
their, theirs il loro, la loro, i loro, le loro
thing cosa
to think pensare
thirst sete (f)
this questo -a
throat gola
thunder tuono
ticket biglietto
tight stretto, -a
time ora, tempo
timetable orario
tin lattina, scatoletta
tip mancia
tired stanco, -a
today oggi
together insieme
toilet toeletta, gabinetto
tomorrow domani
too anche
tooth dente
topic argomento
towel asciugamano
tower torre (f)
town città
to travel viaggiare
treaty, treated trattato
tree albero
trousers pantaloni
tunnel galleria
to turn girare, *turn* turno
type tipo
typist dattilografo, -a
tyre gomma, pneumatico
t-shirt maglietta

ugly brutto, -a
under sotto
to undress svestirsi, spogliarsi
unfortunately sfortunatamente
unlimited illimitato, -a
unpleasant antipatico, -a
to use usare
usual solito, *usually* di solito

vacant libero, -a
to vary variare
vase vaso
very molto
village paese, villaggio
violet, purple viola
to wait aspettare, attendere
waiting room sala d'attesa
waiter cameriere, *waitress* cameriera
to wake svegliarsi
to walk camminare
to want volere
to wash lavare, *to wash (oneself)* larvasi
to watch guardare, *watch* orologio
water acqua
well bene
west ovest, *western* occidentale
when quando
where dove
which che, quale
while mentre
white bianco, -a
who? chi?
whole intero, -a
why? perché?
wide largo -a
to win vincere
wind vento
window finestra
windscreen parabrezza
with con
to withdraw ritirare
without senza
woman donna

wool   lana
to work   lavorare, *work*   lavoro
worried   preoccupato, -a
worse   peggio, peggiore
to write   scrivere, *written*   scritto

yellow   giallo, -a
yesterday   ieri
yet   ancora
young   giovane
yours   il tuo, il suo, il vostro, la tua,
    la sua, la vostra, i tuoi, i suoi,
    i vostri, le tue, le sue, le vostre
youth   gioventù

INDEX

TEACH YOURSELF

BEGINNER'S ITALIAN GRAMMAR

Vittoria Bowles

If you've ever felt overwhelmed by grammar, this is the book for you. With *Teach Yourself Beginner's Italian Grammar*, learning Italian Grammar has never been easier. There's only one grammar point on a page. It's explained in clear and simple language, ideal for any beginner, and even better, there are exercises on the facing page so you can practice the new grammar immediately. Just open the book and you'll see how easy it is!

ITALIAN

Lydia Vellaccio and Maurice Elston

This is a complete course in understanding, speaking and writing Italian. If you have never learnt Italian before, or if your Italian needs brushing up, *Teach Yourself Italian* will give you a thorough grounding in the basics and will take you onto a level where you can communicate with confidence.

Lydia Vellaccio and Maurice Elston explain everything clearly along the way and give you plenty of opportunities to practise what you have learnt, making this course both fun and easy to work through.

The course contains:

■ Graded units of dialogues, culture notes, grammar and exercises
■ Pronunciation sections
■ Tables of verbs
■ An Italian–English vocabulary

Other related titles

ⓣⓨ TEACH YOURSELF

ITALIAN LANGUAGE, LIFE AND CULTURE

Derek Aust with Mike Zollo

Where did opera begin?
What is important about the letters T, F and R in Italian history?
Why are wine, women and song so important to the Italians?
What is the connection between Italy and the fastest tractor in the world?

This book answers these questions, and many more, in a concise and lively overview of Italy: the country, its heritage, and its people. Vocabulary lists and "Taking it Further" sections at the end of each unit give the student and the enthusiastic traveller the means to talk and write confidently about all aspects of Italian life.

The book looks at: government, arts, language, work, leisure, education, festivals, food – and much more besides! This is your key to understanding Italy's past, present and future, with plenty of suggestions for further study and background reading.